珍藏本·增订本

纪念版

汉译世界学术名著丛书

和约的经济后果

〔英〕约翰·梅纳德·凯恩斯 著

于占杰 译

John Maynard Keynes

THE ECONOMIC CONSEQUENCES OF THE PEACE

根据 Harcourt, Brace and Howe 出版公司 1920 年版本译出。

汉译世界学术名著丛书
（120 年纪念版·珍藏本）
增订本出版说明

2017 年 10 月，为纪念商务印书馆创立 120 周年，本馆推出“汉译世界学术名著丛书”（120 年纪念版·珍藏本），计七百种。近五六年来，仰赖学界同人倾力支持，订正旧译，增补新译，拓展新著，积累日多。为满足读者需要，本馆在七百种的基础上，继续推出“汉译世界学术名著丛书”（120 年纪念版·珍藏本·增订本）三百种。至此，“汉译世界学术名著丛书”累计出版已达千种。

今后，本馆将继续推进丛书的翻译出版工作，在积累单本名著的基础上陆续分辑刊行，汇印出版。为促进中外文明互鉴、推动我国学术发展，使“汉译世界学术名著丛书”这项对我国学术文化有基本建设意义的重大工程发挥更大作用，诚望海内外学术界、翻译界继续给予支持，帮助我们把这套丛书出得更好。

商务印书馆编辑部

2024 年 2 月

汉译世界学术名著丛书
（120 年纪念版 · 珍藏本）
出 版 说 明

2017 年 2 月 11 日，商务印书馆迎来 120 岁的生日。120 年前，商务印书馆前贤怀揣文化救国的理想，抱持“昌明教育，开启民智”的使命，立足本土，放眼寰宇，以出版为津梁，沟通中西，为中国、为世界提供最富智慧的思想文化成果。无论世事白云苍狗，潮流左右激荡，甚至战火硝烟弥漫，始终践行学术报国之志，无改初心。

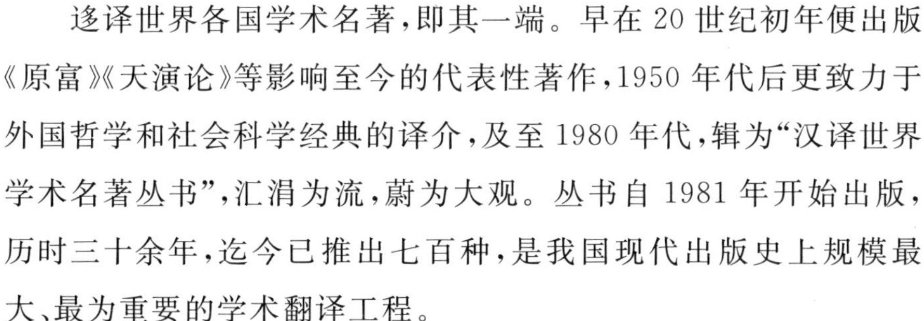

逐译世界各国学术名著，即其一端。早在 20 世纪初年便出版《原富》《天演论》等影响至今的代表性著作，1950 年代后更致力于外国哲学和社会科学经典的译介，及至 1980 年代，辑为“汉译世界学术名著丛书”，汇涓为流，蔚为大观。丛书自 1981 年开始出版，历时三十余年，迄今已推出七百种，是我国现代出版史上规模最大、最为重要的学术翻译工程。

丛书所选之书，立场观点不囿于一派，学科领域不限于一门，皆为文明开启以来，各时代、各国家、各民族的思想与文化精粹，代表着人类已经到达过的精神境界。丛书系统译介世界学术经典，引领时代思想，为本土原创学术的发展提供丰富的文化滋养，为推动中国现代学术和现代化进程做出了突出的贡献。

为纪念商务印书馆成立120周年，我们整体推出“汉译世界学术名著丛书”120年纪念版的珍藏本，寄望既利于文化积累，又便于研读查考，同时向长期支持丛书出版的译者、编者和读者致以敬意。

两甲子后的今天，商务印书馆又站在了一个新的历史时间节点上。我们不仅要铭记先辈的身影和足迹，更须让我们的步伐充满新的时代精神。这是商务人代代相传的事业，更是与国家和民族的命运始终紧密相连的事业。我们责无旁贷，必须做好我们这代人的传承与创造，让我们的努力和成果不仅凝聚成民族文化的记忆，还能成为后来人可以接续的事业。唯此，才能不负前贤，无愧来者。

商务印书馆编辑部

2017年10月

目　　录

序

我在战时临时供职于财政部，并作为财政部的官方代表参加巴黎和会，直到 1919 年 7 月 7 日结束。与此同时，我还作为财政大臣的副手参加了最高经济委员会。当看到对和约条款草稿进行实质性修改已日渐无望时，我辞去了上述职务。我反对此和约，或者毋宁说是反对巴黎和会对欧洲经济问题的整体政策，其根据详见本书正文。这些根据并非基于我主观臆断，乃是完全基于众所周知的事实。

约翰·梅纳德·凯恩斯

1919 年 11 月于剑桥大学国王学院

第一章　绪论

适应已有之环境可以说是人类的一个明显特征。吾人之中，可以说几乎无人清醒地意识到，在过去半个世纪中，西欧所赖以立基之经济组织方式就实质而言，其实是极不寻常、极不稳定、极为复杂、极不可靠且并不长久的。我们总把近来才获得的一些优势视为自然而然，永远拥有，可靠可恃，并以此来制定政策。其实这种优势极为特殊，短暂易逝。基础既不牢固，依据又有谬误，我们却据以规划社会进步，粉饰政治纲领，制造敌意，争雄称霸，认为自己能够左右逢源，从而加剧而不是缓和欧洲大家庭的内部冲突。德国人由于疯狂的执念，为了自身利益无所顾忌，到底破坏了我们所建立并依恃之基础。虽然有德国人破坏在先，但英法两国人民的代言人却要通过一纸和约把此基础推向完全毁灭之地——该和约一旦实施，必定会进一步破坏这个欧洲人民所赖以生息却为战争破坏和动摇的、脆弱而又复杂的组织，尽管和约的初衷是要恢复这种组织方式。

在英国，至少就表面来看，我们还没有意识到：一个时代已经过去。我们在忙于重拾过去几年失去的生活，差别只在于，我们中的很多人貌似比过去更有钱了。如果说战前我们花钱是以百万计，而今却可以以亿计，而且肆无忌惮。显然，谁也不去探究经济生活的极限。因而我们不仅要回到 1914 年的舒适生活，而且还要变本加厉地享受。所有的阶级都做了相似的规划：富人花得更多，存得更少；穷人花得更多，干得更少。

但也许只有在英国（以及美国）才如此的麻木。欧洲大陆的大地已在震颤，但几乎没人听到它的隆隆之声。在那里，问题不只是穷奢极欲或劳资矛盾，更是生与死、饥饿与生存、一个日薄西山的文明垂死的挣扎。

对于停战后的六个月的大部分时间待在巴黎的人来说，偶尔的伦敦之行反倒是一段奇异之旅。英国仍置身于欧洲之外。英国并没有感受到欧洲无声的震颤。英国仿佛与欧洲分离，仿佛并不与欧洲血脉相连。但欧洲毕竟休戚与共。法国、德国、意大利、奥地利、荷兰、俄国以及罗马尼亚和波兰可谓同呼吸共命运，而且就本质而言，这些国家的结构和文明其实并无二致。他们曾经一荣俱荣，也曾在这场战争中一损俱损。而我们在这场战争中尽管做出了重大贡献和牺牲（仅次于美国），在经济上却置身事外。巴黎和约的破坏性的影响即在于此。如果欧洲内战是以法国和意大利挟胜利者之余威来摧毁业已屈服的德国和奥匈帝国而告终，那么他们自身也会遭殃。由于他们背后的精神纽带和经济联系，胜利者和战败者可谓你中有我、我中有你。无论如何，作为曾参加巴黎和会且身为协约国最高经济委员会一员的英国人，我因其彼时之经历，必定会设身处地地从欧洲人的角度去思考问题。因此，置身于欧洲神经系统的中枢，英国人的种种先入之见必定会大为减少，必定会感到诸多挥之不去的不祥之兆。在巴黎的岁月真是一场梦魇，那里的每个人都像中了邪似的。在这浮躁喧嚣的舞台上，即将上演灾难剧；而人类在这场事涉自身命运的重大变故面前却显得那么无助、渺小。这些决定本来意义重大，但又不切实际；轻率、盲目、傲慢、嘈杂——总之，古典悲剧的一切要素而今俱已齐备。端坐在这个雕梁画栋的法国宫廷里，观众不禁要嘀咕：威尔逊和克里蒙梭那一成不变的尊容和角色形象，是不是本色出演？是不是像某种荒诞剧或木偶剧那样，连悲喜剧的面具都不用戴？

巴黎和会的进程就是这样：既非常重要，又有人根本不把它当回事。和会的最终决定会大大影响人类社会的未来走向；可是仿佛又有个声音在说：那白纸黑字是何其的苍白无力，注定徒劳无益，毫无意义，无果而终，不与实事，令人印象最深刻的是：事态的走向已是注定的，丝毫未受最高委员会的政治家的思路影响，正如托尔斯泰的《战争与和平》(*War and Peace*)和哈代的《列王》(*The Dynasts*)中所描绘的那样：

　　岁月精灵
看看群氓吧，
他们既乏远见，又无自制，
生而浅虑，遭逢魔障。
强者只想着复仇，
弱者只能忍气吞声。
　　悲悯精灵
到底是什么让人的意志竟如此无力？
　　岁月精灵

我已说过：
意志本无心，
一旦着魔，是非之智全失。

在巴黎，最高经济委员会的成员几乎每过一小时就能收到一份报告，说所有的中东欧国家，无论敌友，都凄惨失序，经济组织方式日益衰朽；从德国和奥地利的财政代表口中得知，德国和奥地利已是山穷水尽，国库空虚，其言凿凿，无须证据。偶尔走进总统那个燥热的房间——那是四巨头进行空洞而乏味的密谋之所——只会徒增梦魇之感。不过，尽管在巴黎，欧洲的问题显得严重可怖，人们争吵不休，伦敦则仿佛对此漠不关心。偶尔回到伦敦，我总是百思不得其解。因为在伦敦，欧洲问题仿佛是遥远的事情，伦敦正在为自身的问题而苦恼，尽管它的问题少得多。虽然伦敦认为是巴黎造成了如此混乱不堪的局面，但伦敦仍对此不感兴趣。正因为此，英国人在收到和约时，连看都不看一眼。但正是在巴黎而不是伦敦，本书才得以完成。而我不仅仅是一名英国人，也是一名欧洲人，最近的经历实在是太有戏剧性了，不能不笔之于书，将这些日子里上演的重大的历史剧的更多真相公之于众。须知，这场历史剧固然可以大大破坏原有之制度，但也未尝不能辟出一个崭新的世界。

第二章　战前的欧洲

虽然1870年之前的欧洲大陆各国都专注于生产各自的产品，但就欧洲整体而言，还是极为自足的。人口规模与此相适应。

1870年后，形势开始突变，其后的50年里，欧洲的经济形势开始变得不稳定，变得非同寻常。由于可以从美洲获得粮食供应，人口增长所面临的粮食压力一去不复返了。随着人口的增加，粮食更容易得到保障。在工业领域和农业领域，产量的增加带来的是更大的回报率。随着欧洲人口的增长，一方面，更多的人涌向新国家去耕耨土地；另一方面，也为欧洲的工业产品和资本货物的生产储备了更多的劳动大军，而这些工业产品和资本货物可供应给新移民，以及用于修建铁路、建造船只，使来自远方的粮食和原材料能运到欧洲。到1900年之前，工业生产中的单位劳动的购买力都是年复一年地高于食物数量的增长。大约在1900年，这种形势发生了逆转，事实再一次证明：无论人类如何努力，自然界的产量开始递减。然而，粮食种植的实际成本固然增加，但这种趋势已被其他方面的诸多进步所缓解。热带非洲的食物首次大规模涌入欧洲，这在当时也是诸多新鲜事物之一，油籽类食材源源不断地上了欧洲人的餐桌，欧洲的饮食发生了全新的变化，价格也更为便宜，油籽成为人们一日三餐不可或缺的食材。早期的经济学家认为这是经济

的黄金国、经济的乌托邦，而我们大部分人即在此“黄金国”或“乌托邦”里长大。

黄金岁月里不能无隐忧。政治经济学的创立者对此甚为忧虑，但很多人却视而不见。18世纪之前的人们从不作非分之想。为了打破“黄金岁月”末期日益流行的幻觉，马尔萨斯向公众揭示了一个“魔鬼”。在马尔萨斯之后的半个世纪里，所有严肃的经济学著作都明确论证了那个“魔鬼”的存在。在后半个世纪里，这个“魔鬼”又被收服了，从人们的视野中消失了，而现在也许我们已把这个“魔鬼”又放出来了。

这是多么不同寻常的人类经济进步，它却在1914年8月戛然而止！大多数人在卖力地工作，生活得并不舒适，却对此甚为知足。但只要稍具能力或生活水平高于平均值的人，皆有可能容易地获得过去王公富贾都享受不到的生活便利与舒适，他们的生活设施一应俱全，从而跻身中产阶级或上层阶级。要在伦敦下榻，只需在床上呷着上午茶、打一个电话即可预约来自世界各地琳琅满目的产品，他们总能挑到合适的，并且可以早早地送到门口的商品；他们可以同时以同样的手段将财富投资于自然资源和世界各地的新企业中，毫不费力地收取丰厚的收益；他们也可以到广告所推荐的或所能想象的大陆上，在确保财富的安全同时保持任何富有的城市市民的良好信念；只要他们愿意，就能马上迁移到任何国家或任何气候类型的地区，无须签证或正式手续，可以打发仆人到就近的银行取出方便携带的贵金属；出国只要随身携带钞票，而无须了解所在国家的宗教信仰、语言、习俗，且稍被干预即大惊小怪地认为自己受到了莫大的侵犯；最重要的是，他认为这一切的一切都是再自然不过了，是确定无疑的，会永远持续下去。除非沿此方向继续向前推进，否则稍有偏离都被认为是反常的，是让人无法接受的，且是可以避免的。在他们每天读的日报上，有关军国主义和帝国主义，种族竞争和文化竞争，垄断、限制、排外等的计划和政策设计的新闻都无异于伊甸园里的蛇，但这类新闻跟娱乐新闻也没什么区别，对其社会和经济生活，以及几近完成的国际化进程几乎没有影响。

下面我将深度阐述一下战争爆发时即存在的欧洲经济生活的主要不稳定因素，这对评价我们强加给敌人的和约的特征和后果将有所助益。

一、人口

1870 年的德国人口为 4 000 万，1892 年则增至 5 000 万，而到 1914 年 6 月 14 日则增至 6 800 万。在战争爆发前的那几年里，人口平均每年增长 85 万，其中移民占了很大的比例。[①] 一个国家人口的快速增长造成该国经济结构的深远变迁，只能说是有可能的。德国从自给自足的农业国变成了一架巨型而复杂的工业机器，这架机器的良好运转取决于德国内部因素与外部因素的平衡。只有开动这架机器，不停地满负荷地高速运转，德国才能为其国内不断增长的人口提供工作岗位，才能从国外购买各种生活用品。德国这架机器好比陀螺，要维持平衡，就必须旋转得越来越快。

在奥匈帝国，1890 年的人口为 4 000 万，到战争爆发那年则增

① 1913 年，来自德国的移民有 25 843 人，其中的 19 124 人去了美国。

至5 000万，其增长趋势是一致的，虽然增幅略低。减去死亡人数，每年净增约50万人，不过，这其中移民占了约25万人。

要理解当前的形势，我们必须首先明了的是，是德国式的制度使中欧成为著名的人口中心。战前德国和奥匈帝国的人口总和不仅大大超过美国，甚至差不多是整个北美大陆的人口总和。面积并不很大的领土上拥有如此多的人口，这构成了同盟国的军事力量的基础。但如果没有了谋生手段，人口数量之多——即使是经历过这场战争，人口也没有大幅减少[①]——对欧洲秩序不可能不构成威胁。

俄国的欧洲部分的人口增速甚至快于德国：1890年不到1亿人，战争爆发时已增至约1.5亿人[②]，在快到1914年的那些岁月里，俄国全国每年的出生人数比死亡人数多出200万人左右。当然，俄国人口的过度增长还没有引起英国的注意，但其人口的过快增长已是近年来最重要的因素之一。

历史重大事件的发生，往往其来有渐，包括人口的增长、其他重要的经济缘由等。因其渐变，故往往不为当时的观察者所注意，事后却要归咎于政治家的愚蠢或无神论者的狂热。过去两年俄国发生了显著变化，亦即社会制度的剧变，包括推翻了一向被视为最为稳固的东西——宗教信仰、财产基础、土地所有权及政府形式和阶级等级。所有这些变化与其归因于列宁或沙皇尼古拉斯（Nicholas），或许不如归因于不断增长的人口的深远影响。全国人口的过快增长所带来的破坏性力量在冲决旧制度的束缚中所起的

---

① 由于出生人口的减少及过多的死亡人口（与1914年相比），1918年底德国人口净减少了270万人。

② 包括波兰和芬兰，但不包括西伯利亚、中亚和高加索地区。

作用，或许要大于思想的力量和沙皇独裁政府的失误所起的作用。

二、组织

欧洲人所赖以为生的精巧组织，部分倚赖于系统内部的因素。

欧洲各国的边境冲突和关税冲突已最大限度地被消弭，三大帝国——俄国、德国和奥匈帝国——的人口已近 3 亿。各国货币都与黄金挂钩，因而汇率稳定，便于资本和货物的流动，而这种便利程度只有现在在失去它的时候，才为人们意识到。在这片不平凡的土地上，人们享有近乎绝对的财产安全和人身安全。

在欧洲这广袤而人口众多的土地上，人们从未有像这样长时间地享有秩序、安全和欧洲的趋同化。而这又为这种组织变身交通、煤炭销售和对外贸易的巨型机械做好了准备，交通、煤炭销售和对外贸易则保证了人口密集的都市中心区的新人口的工业化的生活秩序。这点显而易见，无需数据来证明。不过，我们不妨还是拿煤炭的数字来具体说明这个问题，因为煤炭已是中欧工业增长的关键因素，其重要性不亚于其在英国工业中的地位。1871 年德国的煤炭产量为 3 000 万吨，1890 年增至 7 000 万吨，1900 年增至 1.1 亿吨，1913 年则增至 1.9 亿吨。

德国为欧洲其他国家的经济体系的形成提供了最重要的支持，欧洲其他国家的发展也大大依赖于德国的繁荣和德国的企业。德国的快速发展为邻国产品提供了销路，德国商人的企业则为邻国提供他们所需的商品，且价格低廉。

从统计数字看，德国与其邻国的经济依存程度是相当显著的。

德国是俄国、挪威、荷兰、比利时、瑞士、意大利和奥匈帝国等国的产品的第一大买主，德国还是英国、瑞典、丹麦等国的产品的第二大买主，是法国产品的第三大买主。德国还是俄国、挪威、瑞典、丹麦、荷兰、瑞士、意大利、奥匈帝国、罗马尼亚和巴尔干等国家和地区的第一大资源输出国，是英国、比利时和法国的第二大资源供给国。

再回头看看我们英国。英国是除意大利外最大的对德出口国，是除美国外从德国进口最多的国家。

除了德国西边的几个国家，其他欧洲国家与德国的贸易量都占到总贸易量的四分之一，而俄国、奥匈帝国、荷兰与德国的贸易量占总贸易量的比例更大。

德国不仅通过贸易促进了这些国家的发展，而且还向其中的一些国家提供发展所需的大量资金。战前德国的对外投资额达到12.5亿英镑[①]，投资于俄国、奥匈帝国、比利时、罗马尼亚和土耳其的总额近5亿英镑。通过“和平渗透”，德国不仅向这些国家提供资金，而且还向这些国家输出了上述国家从来没有的组织方式。莱茵河以东的欧洲都纳入了德国的工业轨道，其经济生活也德国化了。

但是，如果没有外部因素和整个欧洲的某种共同特征，仅凭这些内部因素尚不足以供养这些人口。前述的种种条件放诸整个欧

① 该书英文版于1919年首先在英国出版，后在法国、美国、罗马尼亚等国出版。因而不同语言版本中所涉及的货币单位不尽一致：英国版货币单位为英镑；美国版货币单位为美元；法国版货币单位为法郎，诸如此类。本译本所据之英文版美国哈珀与罗出版公司1971年版，原文中货币单位为美元。考虑到该书作者的英国人身份，故本译文中货币单位按当时的汇率（1919年英镑与美元的汇率为1∶5），并参照英文版换算为英镑。——译者

洲而皆准，不独中欧诸帝国为然。以下所论为整个欧洲制度的共同之处。

三、社会心理

在社会和经济层面，欧洲被组织起来了，以确保最大限度地积累资本。虽然大众日常生活水平在不断提高，但社会的组织方式则是把增加的财富的大部分交由消费最少的阶级。19世纪的新富从小就没有受到要穷奢极欲地享受的那种教育，与及时行乐相比，他们更喜欢投资带给他们的权力感。其实，正是财富分配的不平等才使得大量财富和资本得以积累，从而使这个时代有别于其他时代。实际上，这正是资本主义制度的合理性所在。如果富人真把他们新积累财富用于享乐，那么人们对这个社会制度早就变得无法容忍。但这些新富如蜜蜂般，他们节俭，积累财富，这种行为对全社会来说未必无益，因为人们普遍认为他们的人生欲求极为有限。

在战前的半个多世纪里，固定资本大量积聚，这种对人类实有裨益的行为是从不会在一个平等分配财富的社会里出现的。铁路就像埃及的金字塔，成为可供后人瞻仰的时代纪念碑。而全世界的铁路是劳工们的杰作，这些劳工是不会把他们收入的大部分拿出来及时享乐的。

因此，这套不同寻常的制度要靠两套虚虚实实的骗术才得以维持。一方面，劳工阶级已习惯了无权无势的地位，他们为习俗、惯例、权威、业已建立的社会秩序所胁迫、说服或者说被诱骗，只能逆来顺受。在由劳工阶级、自然界和资本家一起做成的蛋糕中，他们要求分那么一小块；另一方面却允许资本家阶级要求分得最好的那块蛋糕，而且从理论上讲可以随时吃掉那块蛋糕，但实际上大家都知道，他们对那块蛋糕吃得很少。“节俭”已是19世纪的美德，把蛋糕做大才是真正的目标。所有清教徒都有这样的天性：把蛋糕做大，但并不吃掉。在过去的岁月里，正是这一点使得清教徒显得与众不同，他们对精巧的产品、享乐等不感兴趣。因此蛋糕越做越大，但到底要大到什么程度，没人认真思考过这个问题。人们得到的普遍告诫是：要逐渐建立安全感并拥有充满期待的乐观精神，而不是过于抑制乃至推迟这种乐观感。节俭要么是为了防老，要么是为了子女，但这仅在理论上成立——而蛋糕的好处就是，它从来不会被吃掉：你不会把它吃掉，你的子子孙孙也不会把它吃掉。

如此行文，我并不是说要贬低这个时代。只有洞悉社会结构之深处，才能明了这一切意味着什么。与消费的欲望相比，蛋糕实在是太小了，如果每个人都要分到的话，谁也不会变得处境更好。社会不是为了今天的短暂欢愉而运行，而是为了未来的保障和人类的趋于至善，也就是说，为了“进步”。如果这个蛋糕并没有被切分，而是允许它按照马尔萨斯所预言的与人口成几何比例地增长，即复利增长，也许有一天，这个蛋糕会大到人人都有份的时候，我们的子孙后代会享受到我们劳动带来的成果。到了那一天，干不完的工作、人口过多、食物匮乏，一切都会成为过去；人类过上了舒适的生活，衣食无忧，人们各尽所能，奔向更有尊严的生活。但问题是，一个几何级的增长会被另一个几何级的增长所抵消。而在19世纪，人们只见复利的种种好处，结果是利令智昏，完全无视人类的生殖能力。

这个前景有两个隐忧。其一，由于人口增长总是超过积累，普遍的自我克制的结果恐怕是增长了人口却没有增进幸福。其二，在吞噬一切希望的战争中，蛋糕恐怕会被提前吃光。

不过，如果循此深入探究，恐将离题万里。我只想指出的是，以不平等为基础的财富积累的原则是战前社会秩序和进步的至为关键的因素，关于这一点，我们在战前就已理解。我还想强调的是，这个原则还取决于不稳定的社会心理因素，而社会心理条件是不可能复制的。对于一个极少享受到生活舒适之乐的人来说，积累这么多财富而不消费，这不是他们的本性。战争暴露了所有人都有消费的可能，战争还揭示了节制是多么脆弱的一件事情。骗术被揭穿了，劳动者阶级不再绝嗜窒欲；资本家阶级则不再对未来抱有信心，转而追求醉生梦死。

四、新大陆与旧大陆的联系

战前欧洲重积累、轻消费的习惯，是维持欧洲均衡之外部因素中的必要条件。

欧洲积累起来的多余的资本中，有很大一部分是输出到国外的，通过海外投资，使食物、原材料有新的来源以及交通有新的改进才有可能。也惟其如此，旧大陆才拥有对新大陆的自然资源和种种待开发之资源的权利。后一个因素极为重要。旧大陆非常谨慎地使用每年所坐收的“贡金”。由于剩余资本的作用，原材料的供给变得廉价而充足，这种好处不需要等很长时间而是立马可享受到。但海外投资得到的货币收入中的大部分又用于再投资、积累，这也算是预留是一笔资金，以防止出现不幸的那一天：欧洲的产业工人再也不能毫不费力地购买其他大陆生产的产品，欧洲的历史文明与其他气候、环境下的倍增的人口之间的平衡受到威胁。于是整个欧洲人民都从新资源的开发中获益，无论是在国内满足他们的文化精神追求还是在海外寻求冒险。

即使到了战前，旧文明和新资源之间的均衡才开始逐渐受到破坏。由于美洲有大量可供出口的粮食，又由于欧洲生产出口品所需的劳动少于生产粮食的劳动，欧洲得以以较低价格来购买这些粮食；加上此前的资本投资，欧洲每年可获得大量的粮食供应而不必支付现金，这就是欧洲得以繁荣之所在。第二个因素看起来还没有什么风险，但随着海外（主要是美国）人口的增长，第一个因素不那么可靠了。

当美洲的处女地第一次得到开发时，美洲的人口比欧洲少得多，其粮食需求量自然也少得多。1890年的欧洲的人口尚为南北美洲人口之和的三倍之多。但到了1914年，美国国内对小麦的需求量已与其产量接近，最终，经过数载丰稔之年，美国有了多余的粮食可供出口。实际上，据估计，当前美国国内对小麦的需求为1909—1913年五年的产量平均值的90%多。[①] 但与此同时，这种粮食进出口形势也日益紧张起来，问题不在于粮食供应不足，而是

① 甚至1914年后，美国的人口增加了七八百万，小麦的人均年消费量不少于6蒲式耳，因此，与当时美国国内需求相比，战前美国的粮食产量每五年才有一年有充足的剩余。由于1918年和1919年的粮食大丰收，我们暂时得以渡过难关，这要拜胡佛总统奔走呼吁的保护价所赐。但我们不能指望美国会为了向买不起小麦的欧洲提供小麦而无限制地不断大幅增加本国人民的生活成本。

实际成本在逐渐增加。也就是说，就全世界而言，已没有多余的小麦，但为了获得充足的供应，就得开出更高的价格。在此情形下，最有利的因素就看中欧和西欧能在多大程度上从俄国和罗马尼亚进口多余的粮食。

简言之，欧洲能否从新大陆获得可靠的资源供应，现在已开始充满变数，最终，回报也日渐减少，欧洲也意识到，要购买同样数量的面包，就得拿更多的其他商品来交换，且数量逐年增多；因此，欧洲绝不容许最重要的资源供应来源受到破坏。

请容许我赘述一下 1914 年欧洲经济之独特性。为了突出这种独特性，我用三个，也可以说是四个最明显的不稳定性来描述：第一个不稳定因素是，越来越多的人离不开这种人为造就的组织方式；第二个不稳定的因素是劳工阶级和资本家阶级的心态；第三个不稳定因素是欧洲对来自新大陆的粮食供应的依赖，以及这种资源依赖的终结。

战争动摇了这种体系，乃至于危及欧洲的生活。欧陆大部分地区病入膏肓，行将就木；欧洲的人口实在太多了；欧洲社会的组织方式被破坏殆尽，交通体系陷于瘫痪，食物供给时断时续。

和会的使命本是信守承诺，伸张正义；此外，还要重建生活秩序，治愈战争创伤。这些任务之确立，本应是深思熟虑、宽大为怀之结果，而后者正是胜利者所应遵守之古训。在以下的章节中，我们不妨看看和约的本来面目吧。

第三章　巴黎和会

在本书第四章和第五章，我将详述对德和约的经济条款和财政条款。但如果看一下这些条款制定过程中的个人因素，那么我们就更容易理解为什么会制定这样的条款。为此，我不能不谈一下动机问题，因为旁观者对当事人的动机未免会有错误的猜测，从而无法做出最终判断。要理解人类的命运，就要洞悉人类意志和目标之间的永不停息的复杂斗争，尽管这样一来，对人类命运的理解仍是不完整的、不确定的。而在1919年的头几个月里，这种斗争就前所未有地集中到四个人的身上，于是这四个人就成了人类的缩影。职是之故，如果本章间或采用了历史学家惯用的叙述手法，那么敬请读者原谅，因为这种叙述手法用于评价今人，的确要三思，不可不慎，尽管说起今人之轶事，人们更为熟知。

在本章所涉及条约的部分内容里，法国起到了主导作用，因为正是法国人最先提出了明确而极端的提议。从某种意义上说，这也是出于策略的考虑。既然人人都能料到最终结果将是妥协之产物，万全之计就是一开始就摆出最极端的立场，而且从一开始，法国人和其他大部分与会者就料到将会有两次妥协，一是与其盟友的立场的协调一致，二是在和会进程中对德立场的协调。事实证明这种策略是正确的。克里蒙梭因其对委员会里的其他政府首脑表现出温文克制而备受赞誉，对部长提出的立场更为极端的提案，他有时会理智地弃之不用，表现出不偏不倚；尽管有时美国和英国的批评并没有点到问题的实质要点，有时法国的盟国的批评声不绝于耳，仿佛是站到了敌方的立场上，令人不快，但很多条款还是通过了。如果与英美两国的利益关系不大，他们的批评也就不会那么尖锐，这些条款也就通过了，法国人也不那么在意；但在最后的时刻，却不允许同德国人商议，因而也就失去了最后的补救机会。

然而，除了策略考虑，法国也有自身的政策。尽管克里蒙梭可以粗率地否决克洛茨（Klotz）或卢舍尔（Loucheur）的主张，尽管讨论中在不涉及法国的利益时，他可以闭目养神，因为他太累了，但对于要点，他还是心中有数的，绝不会让步。如果说条约的主要经济方针是项智力成果的话，那也可以说是法国或克里蒙梭的智力成果。

在四人委员会中，克里蒙梭名气最大，他也非常了解与会的其他首脑。他往往独自一人提出想法，又深思熟虑，考虑到种种可能后果。他的年龄、个性、智慧乃至外表，都会让人觉得在错综复杂的环境中他仍能保持客观而坚定。人们不是不喜欢或轻视克里蒙梭，而只是想从一个不一样的角度去看待他，或者，至少还可以抱有一个不一样的希望。毕竟，就实质而言，他还是一个有教养的人。

人们对克里蒙梭的外表和举止再熟悉不过了。在四人委员会会议上（注意，四人委员会会议与无随从参加的私下会议是不同的，后者是在楼下的一个小会议室内举行），他总是身着上好的角尾形深黑色呢子外套，总戴着灰绒面手套，从来没见他摘过手套，足蹬深黑色皮靴，材质极好却又带有田园风，不过靴子有时用搭扣而不是带子系住，未免有些怪异。四人的定期会议是在总统的套房中举行，他会坐在壁炉对面的半圆形空间的那个锦缎包饰的方形椅子上，坐在他左首的是奥兰多先生，总统则坐在壁炉旁的位置上，首相则坐在壁炉的另一边，他的右侧对面。他不会随身带文件，不带公文包，也不带私人秘书，不过，在谈到某些问题时，他身边还是有几名法国的部长和政府官员，以备询问。他的步伐、手势、声音尚可，只是他毕竟是很老的老人了，特别是在遇袭后，有时他要保存精力，以应对重要问题。他很少讲话，通常让他的部长和其他官员先陈述法国的立场，他则很多时候双目紧闭，戴着灰手套的双手叉在胸前，面无表情地端坐在椅子中。他往往寥寥数语，无论是一锤定音的还是讥讽性的短语，泰半言简义丰。有时会提出问题，而对于部长的夸夸其谈，总理都会毫不留情面。总理也会给人以固执己见的印象，尤其是有时会用英语辛辣地讽刺一番。[①] 只要他认为需要，他会随时演讲，激情不减。有时会突如其来地冒出几句话，然后是一阵猛咳，给人留下印象的与其说是他说话的艺术，不如说是他讲话的力量和惊喜感。

劳合·乔治先生有时用英文发表了一通演讲之后，在翻译成法语的这段空当儿里，他会时不时地穿过炉前的地毯，去和总统交换一下意见，借机强调他自己的一些看法，或者告知总统妥协的缘由，而这有时会引起一阵骚动。总统的顾问会紧紧围住总统，不一会儿，英国的专家就会挤进来看个究竟，然后是法国人探过来，带着

① 四巨头中，只有法国总理能讲英语、法语两种语言，意大利总理奥兰多只懂法语，英国首相和美国总统只会说英语；奥兰多和美国总统之间竟无法直接交换意见，这本身就有历史上的重要意义！

几分狐疑，唯恐其他人在背着他们搞什么动作，除非所有人都站起来，或者同时用英法两种语言交谈，才能消除他们的顾虑。有一个场景我印象最为深刻：总统和首相被汹涌而至的人围在中间，四周嘈杂一片，有的人迫不及待地要妥协，有的人则极力反对妥协。嘈杂也罢，狂怒也好，都是无济于事的，因为他们所争论的问题并非问题的实质所在，那天上午真正关键的问题却被遗忘和忽略了。克里蒙梭则远远地冷眼旁观，一言不发——只要和法国的安全无关的问题，他是乐得袖手旁观的。因此他照例端坐在铺着锦缎的座椅上，显示主人的身份，当然，双手照例是戴着灰手套的，暮气沉沉，看上去老态龙钟，疲惫不堪，但对此情此景，他有时也会像老顽童一样热嘲冷讽一番。而当一切都静下来、各人都回到自己的位置上时，他却不见了。

克里蒙梭之于法国，一犹伯里克利（Pericles）之于雅典：法国或雅典才是最重要的，其他一切都无所谓。但克里蒙梭的政治哲学又是俾斯麦式的。他始终对法国抱有幻想，而对包括法国人（尤其是他的同事）在内的人类则根本不抱有幻想。他的和平原则说来并不复杂。首先，他坚定地认为，对德国只能动用恐吓，他认为在这一点上德国人和他是心有灵犀的，是会理解这一切的。他相信，在谈判时他是不会有一丝仁慈和怜悯之心的。他相信，他是不会让你受益的，当然，为了利益，他也会屈尊的，屈尊的程度取决于利益的大小。还有，诚实、荣誉、仁慈等，与他无关。因此，你绝不可同德国人谈判，也不可去安抚德国人，你只能命令德国人。在其他方面，克里蒙梭也不会尊重你，但你也不可能让他不骗你。只是，他会将德国特有的这些特征想象到什么地步，的确令人怀疑；他对某些民族的看法是否与此截然不同，也是令人怀疑的。因此，克里蒙梭在处理国际关系时的理念里就没有“感情用事”这一说。国家是实实在在的存在物，你只能爱一个国家，而对其他国家漠然乃至仇视。为了你所热爱的国家的荣誉而奋斗，这当然不错，但一般说来，要做到这点，就免不了以邻为壑。政治上的弱肉强食是不可避免的，这一点并不新奇，从这场战争或这次战争所追求的目标就可以看出。几百年来，英国已经破坏了贸易竞争，最后，法德两国为了国家的荣耀而彼此征战不已，战争激烈而持久。对于天真的美国人和虚伪的英国人的所谓“理想”，谨慎的克里蒙梭总是虚与委蛇：如果认为国际联盟将大有作为，或民族自决原则真的是灵丹妙药，那才真是愚不可及。相反，从本国利益出发，通过精心布局，寻求新的力量平衡，才是最重要的事情。

当然，这只是大致的情形。在克里蒙梭看来，和约对于维持法国的大国地位和安全是必不可少的。要想对克氏的做法——特别是和约的具体条文规定——有真正的理解，就不能不回顾一下种种历史缘由，而这些历史变化正是克里蒙梭亲身经历的。在法德战争前，法德两国人口大致相当，但德国的煤业、铁业和航运业才刚刚起步，法国的财富占绝对优势地位。即使是法国失去了阿尔萨斯-洛林（Alsace-Lorraine），两国间的实际资源也相差不大。但在法德战争后的这段时间里，两国的力量对比发生了重大变化。1914 年，德国的人口已是法国的 1.7 倍，在制造业和贸易方面，德国已跻身世界一流国家行列。德国已拥有无可匹敌的技术和资金，从而可用于未来财富的生产。而法国的人口数则在逐渐下降，相比其他国家，法国的财富和生产财富的能力已远远落后了。

在这次大战中，法国由于英美两国的援助而侥幸获胜，但以后能否继续维持这种地位还很难说，因为在很多人看来，欧洲各国之间的战争太稀松平常了，欧洲诸国莫不视战争为常态，将来也是这样。几个世纪以来，战争都是以国家结盟的方式进行，将来也是如此。照这样看，欧洲的历史犹如无休止的职业拳击比赛，法国赢了这一回合，但比赛并没有结束。由于人类本性相差无几，因而人们普遍相信旧秩序不可能改变，而对于国际联盟到底代表谁的利益这个问题，人们不能不心生疑窦，因此法国及克里蒙梭的政策也就可想而知了。倘若和约是颇显大度或内中条款是所谓公平、平等的，就像在总统的“十四点计划”之类的“意识形态”的基础上的，则只能有利于德国加快复苏的步伐，使其人口、资源和技术超过法国的那一天加快到来。职是之故，寻求“安全保障”就是必不可少的，又由于德国会对此日益不满，日后是有可能报复法国的，因此法国会将它想要的每一项“安全保障”都塞进和约的条款中。故而一旦认定这个世界就是此消则彼长的，就只能采取迦太基式的和平，就只能运用法国在这段不长的时间里所拥有的实力，将其强加到德国头上。对于总统的十四点计划，其他人或许会虚与委蛇地应付一下，以成全总统的面子，而克里蒙梭则丝毫不掩饰他的不屑。

因此，法国的政策就是尽可能地让德国回到过去的状态，使德国自1870年以来取得的种种进步烟消云散。通过领土肢解等措施，可以削减德国的人口；但更重要的是，德国赖以发展壮大的经济体系，那个建立在钢铁、煤炭和交通基础上的巨型组织，必须加以摧毁。如果法国能拥有德国被迫放弃的东西，哪怕只是部分地拥有，那么，长期以来这两个欧洲霸权的争夺者之间的力量对比就会发生变化，从而使力量的天平倒向法国这边。

关于那些意在破坏这种高度组织化的经济生活的追加条款的内容，我们将在第四章进行讨论，这里且按下不表。

对于头脑中只有过去的记忆而不是放眼未来的老人来说，采取此种政策也是再自然不过的了。是的，他只是从法德两国而不是全人类和欧洲文明的角度来看问题。须知，欧洲文明正走向一个新的秩序。这次大战对它影响太大了，由此形成了与我们不同的观念，它不指望，也不希望我们跨入一个新的时代。

然而，本书要讨论的还不仅仅是观念的问题。本书的目的是要表明：这种迦太基式的和平在实际执行中既不正确，也不可行。尽管就这种政策的思想源头而言，经济因素固然得到关注，但还是昧于经济大势，而这种深层的经济趋势将主导未来的世界。时光不可能倒流。除非在欧洲的结构中嵌入种种限制条件，否则不可能回到1870年的中欧；如果任由人类以及超越国界和种族的精神力量发展下去，欧洲以及它的那些“保证”就会不堪一击，就连现有社会里的制度和现存秩序也将荡然无存。

这种政策是通过什么手段取代了总统的“十四点”？又是怎样让总统接受了这种政策？要做到这两点诚为不易，这不仅取决于性格和心理因素，还取决于环境的影响。而环境又往往不易觉察，难以名状。不过，即使是仅从个人的角度而言，总统的主张遭到的冷遇已经是历史上的重要道德事件，关于这一点，我认为有必要予以进一步解释。要知道，当总统搭乘乔治·华盛顿号，诚心诚意地带着全世界的企盼驶向欧洲时，这是何等的境界！在大战胜利之初即来到欧洲，这是何等的伟人！

这场战争吞噬了我们所钟爱的一切，而在 1918 年 11 月，是福煦的军队和威尔逊的主张让阴霾一扫而空。这真是前所未有的大好形势。我们取得了完全的胜利，因而无论战后做何种安排，我们都不用忧虑。通常情况下，只要签订了和约，敌人就会放下武器，是因为有庄严的协议作保证，而和约的条款亦须体现出公正和大度，能够反映人们的普遍愿望，即恢复被战争破坏的生活秩序。总统正是为落实上述目标而来。

当威尔逊总统离开华盛顿时，他已经声望卓著，世人皆知。其道德感召力，更是前无古人。总统向欧洲人民表达的观点大胆而审慎，远非欧洲政治家能比。敌国人民信任他，认为他能够和他们达成一项协议；协约国的人民把他看作先知而不是胜利者。除了道德感召，总统也是实力在握。其时之美国军队，无论兵员数、纪律性还是装备，都达到历史之高峰。欧洲之粮食供应已完全仰赖美国，至于财政，更是仰美国之鼻息。欧洲借美国的钱太多了，根本还不上，不仅如此，欧洲要想免于饥馑和破产，只能继续从美国那里获得为数巨大的援助。凭此主张，总统先生可谓哲人而称王，这在历史上还从未有过。当总统的马车驶过欧洲各国的首都时，那真叫万人空巷！这位降自西土、诞膺天命的总统要治愈欧洲文明的创伤，并继往开来。带着好奇、渴望和希望，我们终于一睹总统之容止。

但最终，幻想彻底破灭了，就连最信任他的人都噤声不语。这是真的吗？从巴黎回来的人都会被这样问道。和约真的无可挽回了吗？总统到底怎么了？究竟是什么样的弱点和不幸使得总统前后的表现竟判若两人？

其实原因再简单不过了：总统也是人。总统既非英雄，亦非先知，甚至连哲学家都算不上，他只是一个不掩饰自己观点的人，他也有自己的弱点——他不是最高委员会里那些狡猾而危险的蛊惑型演说家的对手，最高委员会是实力和个人性格激烈交锋的地方，而这些演说家在面对面的唇枪舌剑、你来我往中思维敏捷，从而居于有利地位，这是总统从未经历过的游戏。

我们确实太不了解总统了。我们对总统的印象无非是：顾全大局、离群孤傲、意志坚定和倔强固执。我们却从来没有把他看成一个有血有肉的人，而是把他看成或想象成清晰地掌握了某个重要理念的人，我们一厢情愿地认为，他的理念，加上他的执着，可以游刃有余地不坠入圈套。不仅如此，我们还认为他不失学者风度：立场客观，温文尔雅，知识渊博。他所提出的著名的“十四点”独树一帜，使他显得崇高，令人印象深刻。他给人以风度翩翩、具有主导能力的印象。在一个讲究政治家风度的国度，总统先生的这一切使得他坐上了第一把交椅，而且声威日隆。对于接下来的和会来说，所有这一切似乎都是诸多品行的完美结合。

虽说威尔逊先生身边的人会对他的第一印象有所修正，但那光环并没有完全褪去。面庞棱角分明，一如照片上的形象，项上的肌肉和头部的姿态，都与众不同。但是，一如奥德修斯(《荷马史诗》人物)，总统落座时更显英睿勃发，强有力的双手正欲一展手腕。人们对总统的第一印象是，他身上不仅没有儒雅气质，甚至和整个世界都显得有些格格不入：在这个时代里，在这个圈子里，仿佛只有克里蒙梭和贝尔福先生才是富有教养的绅士。更严重的是，他不仅对外部的周遭环境不敏感，甚至可以说对整个环境根本不敏感。这样的一个人，怎是劳合·乔治的对手！要知道，劳合·乔治对他周围的一切都极为敏感，判断准确无误，仿佛巫师一般。这位英国首相总在观察与会的每一个人，仿佛有常人不具备的第六感或第七感，他总在判断他们的性格、动机和下意识的冲动，推测每个人的所思所想，甚至是下一句话要说什么，然后，仿佛心有灵犀，向对方陈述他的观点或发出呼吁，所用的措辞总能挠到你的痒处：要么是满足你的虚荣心，要么是利用你的弱点，要么是利用你自私的一面。只要看看这位英国首相的所作所为，你就会明白，可怜的总统先生参加这个和会就像是玩瞎子捉迷藏的游戏。自总统踏进客厅的那一刻起，他就注定要成为成全首相的完美的牺牲品。总之，旧世界已心术不正，旧世界已经变得铁石心肠，它要做的就是让最勇敢的侠士铩羽而归，让他最锋利的宝剑锷残刃卷，可是这个既聋又哑的堂吉诃德要做的正是倒持太阿，授人以柄。

话说回来，既然总统不是哲人王，那他又是什么？毕竟他一生大部分时间都是在大学里度过。他绝非商人，亦非普通的党派政治家，他只是一个有影响力、有个性的重要人物。这就是他的气质！

循此线索，你就会有所发现。总统就像是基督新教——确切地说是长老会——的牧师。从他的思维方式、情感、表达的长处和短处来看，总统的思想，他的气质，主要是理论的而不是知识的。如今的苏格兰和英格兰已经找不到如此高尚的人了，但不管怎么说，普通的英国人还是能通过如此的描述形成对总统的最明显的印象。

我们先记着总统先生的这幅肖像，现在再看看巴黎和会的进程。总统在一系列演讲和“十四点”中提出了他关于整个世界的计划，其情怀、其目标足以让人钦佩，以至他的支持者也只能就细节问题吹毛求疵。他们认为，这些细节目前不适宜放进去，以后也许可以。人们普遍认为，在巴黎和会一开始，总统就在一大群顾问的帮助下，通盘考虑了一个广泛的计划，不仅考虑国际联盟的设想，还考虑在和约中体现出他的“十四点”。可实际上，总统什么也没有考虑好，在实际执行环节，他的那些理念反而是模糊不清的，并不完备的。总统从白宫颁布的每项法令（诫令），从措辞中都见不到任何规划，也没有步骤程序，也未见任何建设性的思想。他可以就这些法令布道似的不停宣讲，也可以庄重地祈祷上帝保证其实现，但要将其具体运用到欧洲国家时，却没能拿出具体的方案。

总统不仅没有提出具体而详细的行动方案，而且在许多方面（甚至可以说全部方面）都全然不知欧洲的形势。他不仅对欧洲形势做出了错误的判断（在这一点上，劳合·乔治也是如此），而且反应迟钝，不适应和会的谈判场合。在这些欧洲政治家当中，总统是出了名的反应迟钝。对于其他人的发言，他不能迅速抓住要点，不能在一瞥中就对形势做出判断，确定如何回复，不能在不宜觉察的变化中就解决问题。结果就是，碰上机敏、捷悟的劳合·乔治，总统往往就败下阵来。和会是考验快速反应能力的地方，在这个小圈子里的政治家中，反应能力最差的，莫过于总统了。因为你是主要的胜利方，你的一点点让步就能保全对手的面子，只要重申你的利他而不损己的建议，就可以安抚对方，这样的机会常有。这些简单而有用的技巧，总统并不掌握。总统的反应太迟钝，太不会随机应变，对于其他方案往往措手不及。正如在阜姆（Fiume）问题上的表现，总统擅长的是寸步不让，不愿意改变主意或做出让步。但总统缺乏招架之功，要知道，通常情况下，是需要用一些手腕和策略来及时刹车，防止事情向不利的方向发展。别人一奉承，表现出和解姿态时，总统往往就中招，就不再坚持己见，当他意识到他中招时，往往为时已晚。此外，最高委员会这几名成员在连续数月的亲密而又表面友好的会谈中，总统不可能自始至终寸步不让。只有那些对这种总体形势有极为深刻的理解，引而不发，知道哪些关键时刻稍纵即逝、该采取决定性行动的人，才会成为赢家。在这方面，总统反应太迟钝了，经常被对手打个措手不及。

总统也未能从他的助理的集体智慧那里得到援助，从而也就失去了挽救这些败局的机会。为了起草和约的经济条款，总统召集了经济界的不少知名人士，但这些经济界人士在公共事务方面则经验不足，除了一两个人，他们对欧洲知之甚少，而且总统往往是为研究某个具体议题而不定期地召集他们讨论。总统在华盛顿行之有效的孤傲秉性，此时也被带到了和会上。由于总统不肯对自己的秉性做出一点点改变，因而那些追求道义上平等和渴求总统能不断施加影响的人士，难以接近总统。与总统同行的全权代表亦有职无权，比总统更洞悉人性、更知晓欧洲情势的豪斯（House）上校，他的机敏反衬出总统的愚钝，但就是这样一个人，随着时间的流逝，也不免众失所望。而四人委员会里的其他三人又进一步加剧了这种情势。四人委员会是从十人委员会中分出来的，总统本人的秉性容易给自己造成孤立，而四人委员会中的其他三人则最终使总统彻底孤立。如此，日复一日，周复一周，总统就这样在密室里，独自一人与比自己机敏的人对谈，身边无人提供建议和支持，他所面对的形势，无疑是最严峻的，要想应对这种形势，需要知悉有关资源、生育率和其他各种信息。就这样，在对方营造的氛围中，总统只得

按他们的方案、基于他们的数据进行讨论，只能跟他们的思路走。

种种因素共同作用，造就了这种情势。读者需谨记，虽然本章仅用数页纸来描绘和会的进程，但和会前前后后历经了近五个月之久！

正当总统无计可施之时，委员会已基本接受以英法的草案为蓝本的方案。总统不得不对此草案提出异议、批评及否定意见，以期草案符合他的理念和目标。对于草案中那些显示胜利者大度的内容，他不难让对方做出让步（因为对于谁都不会当真的、看似不合理的建议条款，总会留有很大的讨论余地）。妥协是不可避免的，但绝不会在实质问题上妥协，是的，要在实质问题上妥协是很难的。此外，人们很快就会发现，总统仿佛站到了德国一边，对于“亲德”的建议条款，总是虚怀若谷（让人哭笑不得的是，对于这方面的建议，总统的反应反倒是极为迅捷）。

在十人委员会早些时候的会议上，总统已经陈述了事关原则和尊严的内容，他发现英、法、意三国首脑的方案里也有某些重要内容，而对于这些重要内容，他不能确保用秘密外交的方式使对方放弃这些要点。在最后的时刻，他还能做什么！他本可以固执己见，让和会无限期地开下去。他还可以一怒之下中途离场，打道回府，让和会无疾而终。他还可以越过和会的巨头，直接向全世界发出呼吁。当然，这些做法都是卑劣的手段，要拆招都要大费口舌。而且这些卑劣手段真要使出来，也是有风险的，尤其对政治家来说。总统对国会选举采取了错误的政策，在国内威望顿挫，因此可以肯定的是，如果总统做出毫不妥协的姿态，美国公众是绝不会支持他的。这将意味着一场旷日持久的战役，个人考量、党派考量，种种因素会使问题晦暗不明，在这种胜负并不取决于事情本身的是非曲直的争斗中，谁也不敢说自己必然会赢。此外，倘若总统与与会的其他首脑公开决裂，总统就会被戴上“反德”的紧箍：对德国的愤恨仍是协约国各国民众的普通情绪，可谓众情汹汹。其他与会者和民众是不会倾听总统的陈词的。他们不可能像总统一样冷静到把这个问题看成国际道义的重要议题或欧洲善治的重要内容。公众舆论只能是：出于种种自私和阴险的理由，总统希望“放敌人一马”。可以预见，这可以说是英法两国新闻界不约而同的看法。如此，如果总统公然对抗这种一致意见，只能是铩羽而归。假如总统败下阵来，和约的最终结果也不会比如下情形差到哪儿：总统仍运用他的威望，通过不懈努力，在欧洲政治情势许可的范围内，争取最好的结果。可话说回来，假如总统真的败下阵来，他反而不会失去国联！还好总统没有败下阵来，毕竟，这是事关全人类未来福祉的最重要问题！须知，和约会因时而变，随着时间的流逝，条约内容也会变得不那么对抗。现在看来是非常重要的内容，随着时间的流逝，也许会变得无足轻重；而那些本来就不切实际的内容，也就不会变成现实。但国际联盟，即使组织方式仍不完善，也应是常设机构（是事关人类永久和平的机构）；这是首次提出的关于“世界政府”的崭新的原则；国际关系中的真理与正义不可能在几个月后就形成——它只能是国联的母体里诞下的宁馨儿。克里蒙梭就聪明得多，让人觉得好像他为了接受国联而情愿付出高昂代价。

在决定命运的关键时刻，总统不免茕茕孑立。总统已坠入欧洲之彀中，他是多么需要同情，需要道义支持，需要大众的热切回应！但是，总统却被葬身和会之中；巴黎闷热的天气和和会的诡诈气氛足以让他窒息；外界也没有回应他的；所有国家心里默默支持他的人，此时也感受不到他们的热情、同情和鼓励。总统明显感到，当他刚踏上欧洲的土地时，民众是那么热烈地欢迎他，而今却对他漠然处之；巴黎的新闻界开始公然嘲讽他，国内的政敌正利用他出国的机会制造对他不利的声势；而英国则他对他表现出冷漠，对他冷嘲热讽，却不做积极的回应。当公众对他不再抱有热情，对他不再感兴趣时，总统竟然又不能通过随行人员的私人渠道获得这种热情和信任，而这些随行人员正是他亲手挑选的！此时此刻，他太需要共同信念了，但恰恰这一点是不具备的。对德国的恐惧仍萦绕于我们的脑中，即使富有同情心的公众，也仍对德国心存戒惧；不可长敌人之志气，盟友必须予以支持，此时不宜做出搅动局势、制造不和的举动；我们必须相信总统已经尽力了。总统的信念最终无人理睬，犹如花儿，赶上干旱的季节，只能枯萎、衰败。

总统曾在一怒之下命令乔治·华盛顿号做好准备，他要随时搭载该舰离开巴黎那个充斥着尔虞我诈的大厅，返回美国——总统觉得那里才是属于自己的舞台，而现在总统取消这项指令了。只是，总统一旦决定妥协，他性格和修养中的弱点就显得更为明显，更为致命。他可以摆出高姿态：他完全可以毫不妥协；他可以写下来自西奈山（Sinai）或奥林波斯山（Olympus）的启示；他可以在白宫甚至十人委员会上表现出拒人于千里之外的姿态，这些都无妨。但一旦进入四人委员会进行平等的密谈时，游戏就完全升级了。

于是，总统身上的宗教家气质，尤其是长老会的气质，就变得对他不利了。总统既然认定让步是不可避免的，他本可以以坚定的态度，通过演说及运用美国的财力来尽可能地保住实质内容，哪怕为此而做出一些字面上的牺牲也是值得的。但总统不知彼亦不知己，也不知道如何利用自身的优势。他太谨小慎微了。虽说妥协是免不了的，但他到底是个有原则的人，“十四点”完全束缚了他的手脚。对于无令名、非正义、不正确以及与他伟大理念背道而驰的事情，他是做不来的。如此，“十四点”虽然在文字上给人的鼓舞一点也没有减少，但本身却变成了一个用于注解的文件，成了所有聪明人自我欺骗的工具。我敢说，正是凭这些自欺的工具，总统先生的先辈们才心甘情愿地认为，他们所作的事情与摩西五经必须若合符契。

现在总统对与会的其他首脑的态度就变成了：只要我能让步的，就一定让步；我了解你的难处，对于你提出的建议，我也可以考虑接受；但我不会做任何非正义和不正确的事情，你必须首先向我表明：你想做的事情，确实是我念兹在兹的声明里的内容。接下来就是诡辩术和耶稣会式的解经语言（毋宁说是巧言虚饰）[1] 相互交织，而最终，整个条约的语言和实质内容都用伪善包装了起来。下面这段话就是说给巴黎所有女巫的：

在乌烟浊气中，
公正即肮脏，肮脏即公正！

最狡猾的诡辩家、最伪善的起草人要是动起来，那机巧的动作，连

① Jesuitical 既有“耶稣会的”意思，也有“虚伪的、狡诈的”意思。这里作者用这个词正是要表达一语双关的效果。——译者注

比总统还聪明的人都会被误导不止一个小时。

于是，我们看到，和约里没有写“德意志奥地利共和国非经法国同意，不得并入德国”（因为这与自决原则不符），在老到的起草人笔下，这个意思换了个说法：“德国应照将来奥国与协约国及参战各国所订立之和约中规定之疆界，承认并确切尊重奥国之独立；复承认奥国之独立如非经国际联盟行政院之许可，不得变易。”如此，表面上这两句话很不一样，实际上并无不同。只是，和约有一处规定：上述规定，须经国联行政院全体一致同意。谁都知道这一点，只有总统忘记了。

和约里没有写“把但泽（Danzig）划给波兰”这样的说法，而是把但泽列为“自由”城，但这个“自由”城又被置于波兰关税界线之内，并将该市的河流及铁路系统的控制权委托给波兰，并规定“波兰政府承担但泽自由市所有之对外关系，以及侨居外国之但泽人民外交上之保护”。

和约并没有提将德国境内的河流置于国际控制之下，而是说这些“河网中所有通航各段天然为各国通海出路，不管其是否需要换船者，应宣告为国际河流”。

这样的例子不胜枚举。法国的政策目标很明确，那就是限制德国的人口，削弱德国的经济体系，当然，看在总统的面子上，这个目标要用自由、国际平等之类的庄严的语言来包装。

总统的道德立场崩解、头脑最为混沌的那个关键时刻或许就是最后的那一刻：有人提出，协约国政府的抚恤金和征属津贴的支出应被合理地视为“因德国陆上、海上及空中侵略所受之一切损害”（当然，战争中的其他费用不可视为德国造成的损害），总统竟然被说服了，接受了这一条，这让顾问们惊诧不已。此前，总统一直拒不接受不同意见，但在经过长时间的精神挣扎，最后还是坠入诡辩家精心布置之彀中。

最终，一切都结束了，总统的良心没有受到谴责。不管怎么说，我认为，依照总统的秉性，在他离开巴黎时他仍不失为一个真诚的人；而且直到今天，他应该仍对下面这点深信不疑：和约的内容与他之前所坚持信念并非不一致。

但这件事做得太高明了，以至于最后只能以悲剧收场。布罗克多夫-兰曹（Brockdorff-Rantzau）的答复自然是：正是在获得某种保证的情况下，德国才选择放下武器；但和约的许多具体规定违背了这些保证。但这一点正是总统所不能承认的；他独自冥思苦想，他向上帝祷告：他所做的所有的事情，都是正义的、正确的；对总统来说，如果承认德国的答复是有效的，就会感到伤到自尊，就会心绪不宁；本来就本性固执的他，出于自我保护，此刻会越发固执。用心理学的术语说就是，如果对总统说，和约是对自己信念的背弃，那就正好触碰了他潜意识上的伤痛。这是一个不容许讨论的主题，潜意识里的本能会去设法阻止进一步的探究。

因此，克里蒙梭把数月前还不能让德国人知道的、非同寻常的、几乎是不可能的建议加进了和约中。要是总统不是本着本心，不是对自己的所作所为遮遮掩掩，那么，即使在最后的时刻，他也仍有机会扭转局面，大获全胜。但总统已经动不了了。医生已把他的胳膊和腿接成了固定的姿势，如果要改变姿势，只能再次将胳膊和腿弄断。劳合·乔治先生在最后的时刻是表达了愿意采取温和政策的，但让他感到不安的是，在过去五个月里他一直向总统证明其所作所为都是公平正确的，但他不可能在五天里让总统相信这一切都是错的。毕竟，要迷惑这个长老会牧师不难，而要他挣脱迷惑就不是那么容易的了，因为在后一种情况下，已触及他的信念和自尊。

这样，在最后那一刻，总统仍然固执己见，拒绝调解。

第四章　凡尔赛和约

我在本书第二章曾提及的思想，并没有反映到巴黎和会中。欧洲的未来不是那些与会者关心的问题，人民之生计问题亦非他们所急。他们所关心的，不管出发点是善意的还是恶意的，都是疆域和民族，是力量均衡，是帝国的扩张，是要削弱那个危险而强大的敌人，是复仇，是胜利者盘算着如何将无法承担的财政负担转移到战败者的头上。

关于未来世界的组织方式，现在有两种可选择的方案，即总统的“十四点”和克里蒙梭的迦太基式的和平。但最终只有一种方案能胜出。因为敌人并不是无条件投降，而是在和平总则的协议的基础上的投降。

关于这一点，绝不可轻描淡写、一笔带过，因为至少许多英国人对此误解甚深。许多人认为，停战议定书是协约国和德国政府达成的第一个议定书，认为除了停战协定所规定的内容，其他了无约束。但事实并非如此。为了叙述更清晰，这里有必要简述一下从 1918 年 10 月 5 日德国发出照会到是年 11 月 5 日威尔逊总统发出照会的这段时间里的谈判过程。

1918 年 10 月 5 日，德国政府向美国总统发出了一则内容不长的照会，表示愿意接受“十四点”，要求举行和谈。10 月 8 日，总统做出答复，询问德国政府是否明确接受“十四点”及之后的一系列演讲中“所阐发的内容”，是否接受“只有同意停战协定的具体规定方可启动谈判”。总统还提出，必须把从被占领土撤出作为停战的先决条件。10月12日，德国政府对这些问题做出答复，无条件接受了这些内容——“只有同意停战条款的具体规定，方可启动谈判”。12月14日，总统在收到德国的肯定答复之后，又将这些条件做了更具体的规定：(1)停战协定的具体内容须待美国和协约国及参战各国的军事顾问确定，必须完全确保德国无恢复敌对行动的能力；(2)谈判期间潜艇战必须停止；(3)总统还要求德国政府更进一步确保派出的与总统谈判的代表的资格。10月20日，德国表示接受第(1)和第(2)点。至于第(3)点，德国提出，德国现在已有了宪法，也有了由国会选出的政府。10月23日，总统称：“兹接受德国政府明确做出的郑重保证，即德国完全接受总统1918年1月18日在国会的一系列演讲（‘十四点’）及随后的演讲——特别是11月27日的演讲——中明确阐述的战后处置原则基础上所提出的和平条款。德国政府愿意就如何实施这些条款举行谈判。”总统还将德国的上述答复通报了协约及参战各国政府，“并暗示：如果协约国及参战各国政府愿意在基于前述条款和原则缔结和约”，就应要求各国的军事顾问制订停战议定书的内容，停战条款须“确保协约及参战各国政府在捍卫和实施德国已接受的这些和平条款方面拥有完全的权利”。在照会的结尾，关于10月14日提出的抛弃德国皇帝的问题，总统又做了更明确的暗示，初步的谈判到此为止。在初步谈判中，谈判的一方只有总统一人，在协约及参战各国政府缺席的情况下他一人代理了各国政府。

1918 年 11 月 5 日，总统向德国通报称，他已收到了与他沟通的协约及参战各国政府的答复，并称福煦元帅已获授权，将停战条款通报各国的全权代表。在这个答复中，协约国及参战国政府“在表示愿意与德国政府就总统在 1918 年 1 月 8 日的国会演讲及之后的一系列演讲中所提出的方案原则基础上缔结和平条款，并愿意遵守这些规定”。这些规定主要涉及两方面。一是航海自由问题，认为“他们拥有完全的航海自由”。第二个问题涉及赔偿问题：“此外，根据总统 1918 年 1 月 8 日国会演讲里提到的和平条件，总统主张：必须恢复被占领土，各国必须从被占领土撤出，恢复自由。协约及参战各国政府认为，毫无疑问，该条款应为题中应有之义。据此，他们认为，对于德国从陆地、海上及空中侵略所造成的协约及参战各国平民伤亡和财产损失，德国应做出赔偿。”[①]

根据德国与协约及参战各国之间的意见交换而达成的停战协定，其内容是清晰明确的。和约的条款正是总统的系列演讲中提出的思想，而和会的目的就是“要讨论如何具体实施这些条款”。议定书必须庄重，具约束力，其中条件之一就是德国必须同意这个使德国陷于孤立无助的停战条款。假如德国遵照协定，置自己于孤立无助的境地，那么协约国如何履行协议，就尤其事关自身声誉。如果议定书有表述含糊不清的地方，协约国及参战国不得利用其战胜者的优势。

那么，和约对协约国及参战国做出的束缚有哪些实质内容呢？细绎这些文件，可以看出，尽管总统的演讲里多次提到精神、目的、

① 关于该保留条款确切效力的具体讨论，详见本书第五章。

意图，但并没有提具体的方案，许多问题要在和约里予以解决，但总统还是提出了要明确解决的一些问题。要知道，尽管设置了种种限制，协约及参战国还是有很大的自由。而且，事关精神、目的和意图的段落很难落实到和约中并成为和约的基础。在很多人看来，不管是耍花招还是表里不一，每个人都有自己的小算盘。但正如下文所示，协定里对某些重要问题的阐述还是明确的。

除了1918年1月18日提出的“十四点”，总统的一系列演讲中阐明的思想也为议定书定了调子，其中较为重要的演讲有四次：2月11日在国会的演讲；4月6日在巴尔的摩的演讲；7月4日在弗农山庄（Mount Vernon）的演讲；9月27日在纽约的演讲，而纽约演讲与议定书尤为相关。下文均为总统演讲中提到的与对德协议最为相关的一些实质性内容。此引文均为节选，并去其复重。我所略而不提的内容，反而增强而不是减损我所引用的内容。这些正文不提的内容，主要与意图有关，且表述过于含糊笼统，以至于很难说是契约性质的条款。[①]

“十四点”

(3)“在所有赞成和平和参加维护和平的国家当中尽可能地消除一切经济壁垒，建立平等的贸易条件。”(4)“充分相互保证，各国军备必须裁减至符合维持国内安全的最低限度。”(5)“对所有关于殖民地的要求做出自由的、坦率的和绝对公正的调整”，有关居

① 此外，与对德处置方案关系不大的内容，我也按下不表。对于“十四点”中的第二点，即海上航行自由问题，由于协约国对此问题并没有取得一致意见，这里也暂且不表。引文的强调部分系著者所加。

民的利益必须得到重视。第(6)、(7)、(8)和(11)点的内容是撤出并“恢复”所有被占领土，特别是巴尔干。为此必须加上协约及参战各国提出的以下附加条款，即必须对从陆地、海上和空中进攻造成的人员伤亡和财产损失进行赔偿(原文见上)。(8)“1871年普鲁士在阿尔萨斯-洛林问题上对法国的错误行动”必须更正。(13)一个独立的波兰国应包括“无可争议的是由波兰人所居住的领土”，“必须获得一个自由的和稳固的出海口”。(14)国际联盟。

1918年2月11日在国会的演讲

不得有领土兼并，不得有占领军征收的特别税，不得有惩罚性赔款……自决不能仅停留在口头上。这是极为重要的行动原则，如政治家如对此视而不见，终将自食其果……所有争议领土问题的解决，必须从相关人民的利益出发，而不是声索国之间的妥协或调整的结果。

1918年9月27日在纽约的演讲

(1)诚然，我们希望对有些人公正一些，对有些人则不应予以公正对待，但是，要论公正，就得一视同仁。(2)任一国家或国家联盟都不得以违背人类共同利益为出发点。(3)在国际联盟这个大家庭之下，不得再有任何形式的联盟、结盟，也不得订立盟约或达成谅解。(4)在国际联盟之下，不得载有其他形式的经济合作，也不得有任何形式的经济上的联合抵制或市场排斥之举，除非出于整肃或控制之需，由国际联盟授权，可用市场排斥之手段，行经济惩处之效。(5)所有国际协议、条约，均须公之于众，俾世人皆知。

1918年11月5日，这项为整个世界所做出的充满智慧、颇为恢宏的计划得以通过，这已超出了理想和雄心的范畴，一变而为世界上所有大国都签字同意的庄严的契约。然而，这项计划却迷失于巴黎的泥淖之中——计划的精神全失，其文字要么被视而不见，要么被曲解利用。

德国对和约草案的看法在很大程度上是对两种不同类型的条款进行比较：一种是体现了和约精神的条款——德国正是基于此精神才同意放下武器；一种是送到他们手上让他们签字的文件上的实际条款。德国的评论家不难发现，和约草案违背了之前的协定和国际道义，这种背弃行为堪比德国入侵比利时的行径。然而，在这个场合，德国的答复显得那么格格不入，因为尽管就内容而言，德国的答复大部分内容体现了公正，这很重要，但还是稍稍欠缺了体现善待德国的宽阔胸怀和广阔视野的内容，而且就整体效果而言，没有冷静客观地看待和会上由激愤之情导致的绝望情绪。无论如何，协约国政府都没有认真看待德国的答复，我想，即使德国代表团在和会这个阶段有机会阐述这一点，恐怕对最终结果也不会产生什么影响。

各国的发言人通常都缺乏作为个人应当具备的起码的美德。政治家代表的是他的国家而不是他自己，因此，他们往往有仇必报，背信弃义，各顾各的，人们对此不必苛责，这样的人物史不绝书。在由胜利者所强加的条约里，往往都有上述特征。此次交易与历史上的交易不同之处就是它的虚伪性，但德国代表团并没有义正词严地指出这一点，他们也不可能未卜先知地知道这一点。

不过，关于这个主题，最好由其他人来写吧。我所关心的并不是和约的公正性问题（既没有要求对敌人施以惩罚的正义，也没有对胜利者的义务做出契约规定的正义)，而是和约所体现的智慧及其后果。

因此，在本章我将直言不讳地陈述和约的经济条款的主要内容，至于和约中关于赔偿及德国对此的偿付能力的看法，将在本书第五章详述。

战前的德国的经济体系有赖于以下三个主要因素：其一，海外贸易，具体包括商船、殖民地、对外投资、出口、海外商业联系等；其二，建立在海外贸易基础上的煤铁等矿业和工业；其三，交通和关税制度。当然，第一点虽然并不是最重要的，但却是最易遭到批判的。而和约的目标正是要破坏这三点，当然，主要的是破坏了前两个因素。

一

(1) 德国所有总吨数在 1 600 吨以上商船之全数，及总吨数在 1 000 吨与 1 600 吨之间之商船，依吨数计算二分之一，并各汽船及其他捕鱼船只，依吨数计算四分之一，让与协约国及参战各国政府。[①] 所要让与之商船范围很广，不仅包括悬挂德国商船旗者，还包括为德国拥有但悬挂其他商船旗者；既包括在航的商船，也包括在建的商船。[②] 此外，只要协约及参战各国提出要求，德国还要在 5 年内，为协约及参战各国建造上述类型的船只，每年的吨数最高可

① 见对德和约第八部附件三第一节。
② 见对德和约第八部附件三第三节。

达 20 万吨[1]，这些船的总值记到德国头上，以作为德国应付之赔款总额的一部分。[2]

德国商船被禁止出海，亦不许在若干年内恢复至与其商业需要相称的规模。目前，还没有从汉堡出发的航线，除非外国商船认为有必要开辟此航线以分流过多的商船吨数。在德国的对外贸易中，如外方提出要求，德国须支付运费，而只有当外方认为方便时德国才能享受同等待遇。而对德国来说，只有将斯堪的纳维亚和荷兰的商船置于自己的有效影响之下，德国的港口和商业才能重新繁荣。

(2) 德国“将其海外属地所有之权利及所有权名义放弃”，以予主要协约国及参战各国。[3] 所要让与之权利及所有权，不仅包括主权，而且还包括对德国政府财产不利的条款：包括铁路在内的所有财产都要无偿交给协约国，但对于德国由于购买、建设或殖民地开发而欠下的所有债务，德国政府仍须偿付。[4]

与近代历史上常见的让与有些不同的是，普通德国国民的财产和个人也受到了不利的影响。“关于遣送在该处（指德国前殖民地）之德国国民回国，及欧洲系之德国人民应否准其在该处居住、置产、经商，或操业各种条件”，得由在该领土行使治权之协约国及参战各国政府“采用为其所认为适当之办法”。[5] 凡以德国国民为受款人的建设和公共工程的所有合同和协议，都要纳入协约国及参战各

① 在战前的几年里，德国的造船能力可达到每年总吨位为 35 万吨（不包括军舰）。
② 见对德和约第八部附录三第五节。
③ 第一百一十九条。
④ 第一百二十和二百五十七条。
⑤ 第一百二十二条。

国政府控制之下，以作为赔偿的一部分。

然而，与下面这条涉及面更广的条款相比，上述这些条款反而显得不那么重要了：“协约国或参战各国保留权利”，需将在德国前殖民地内，“于本和约实行时，属于德国人民之一切财产、权利、利益及其所监督之公司，扣留或清理之”。[①] 这是对私人财产的全面没收，而协约及参战各国不需对没收的个人财产支付一分钱的赔偿，所获得的收益，须先偿还德国国民所欠协约及参战各国国民的债务，其次用于偿还奥地利、匈牙利、巴尔干诸国及土耳其国民所欠协约国及参战各国国民的债务。如有结余，要么通过清偿国直接返给德国，要么保留不动。如果保留，则收益须转至赔偿委员会，记入德国赔偿账户下的贷方栏。[②]

总之，不仅德国全部海外殖民地的主权和势力范围被彻底清除，就连这些海外殖民地的德国侨民的人身和财产的法律地位和安全也被剥夺殆尽。

(3)前述关于德国前殖民地的德国侨民私人财产的处置规定，同样适用于阿尔萨斯-洛林的德国人，除非法国政府特许之例外情形。[③] 就实际效果而言，与相似的海外财产征用行为相比，此举意义更为重大。此次征用，所涉财产金额大得多，且随着 1871 年以来这些省份的煤矿的大开发，这些地方的德国经济与德国本土在经济上的相互联系更为紧密。近五十年来，阿尔萨斯-洛林已然成为

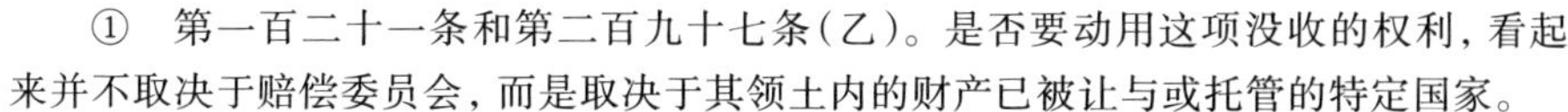

① 第一百二十一条和第二百九十七条(乙)。是否要动用这项没收的权利，看起来并不取决于赔偿委员会，而是取决于其领土内的财产已被让与或托管的特定国家。

② 第二百九十七条(辛)和第十部第四编附件第四节。

③ 第五十三和七十四条。

德意志帝国的一部分，那里的大多数居民都讲德语，那里已聚集了德国相当多的最重要的企业。然而，无论是居住在那里的德国人还是在那里有投资项目的德国人，如今他们的财产都要被法国政府剥夺，且没有一分钱的补偿，除非德国政府愿意担负这笔补偿款。现在，法国政府被授予了剥夺居住在阿尔萨斯–洛林的德国公民的私人财产和位于该地的德国企业的财产的权力，且不需支付任何补偿的费用，所获得的收益也被部分地用于满足法国提出的各种要求。倘若法国政府明确允许这些地区的德国公民可继续在此居住，且规定此种情形下他们不受上述规定之约束，则更改条款的严重程度或可纾缓。另一方面，政府、国家、市政的财产也要无条件地让与法国，其中包括两个省的铁路系统及其机车。[①] 于是一方面，资产要交出；另一方面，债务（指所有的公债）仍要德国来还。[②] 当然，重新回到法国主权下的这些省，可免除德国在战时和战前分配给这些省的固定比例的债务，但德国不可将免除的这些省的债务视为已支付的赔款。

（4）但是，对德国私人财产的征用并不限于德国的前殖民地和阿尔萨斯–洛林地区。这种对待前敌国资产的规定，是和约中影响更为深远的重要内容，只是尚未引起应有的重视，尽管遭到预料中的在凡尔赛的德国代表团的极为激烈的反对。就我所知，如此处置私人财产的和约，近代以来尚无此先例。德国代表认为，此种不讲

① 1871 年，德国就阿尔萨斯–洛林铁路系统归属向法国政府支付了一笔款，但法国的国家财产却被无偿占有了。不过，当时的铁路属于私人财产，只是后来才变成德国政府的财产。尽管德国后来为此投入了大量的追加资本，法国政府仍主张按此先例来处置国家财产。

② 第五十五条和二百五十五条。这里援引的是 1871 年的先例。

道义之危险先例一开，则不拘何地，私人财产都将有安全之虞。这种说法未免言过其实。在过去的200年里，基于风俗和惯例，国家与其国民在财产、权利上的分野固然判然有别，但这其实是人为之结果。由于其他方面的诸多因素而不是和约的影响，这种人为之分野的观念即将落伍，与现代社会主义者观念里的国家与公民关系扞格不入。但如前所述，不管怎么说，和约还是对这种基于所谓国际法的观念予以重重一击。

和约里提到的征收私人财产的规定，针对的是德国本土以外的地区，这些地区如今已确定下来了。只是这些条款所涉及的内容不免重叠互见，于是，对某项内容越是强调其重要性，就越使得其他内容显得无足轻重。但总的看，那些更为重要、涉及面更广的条款，反不如那些具体的、特定内容的条款表述得清晰。这些条款有：

(a)协约及参战各国“保留权利，须将在德国领土内或其殖民地内，或其占有地内或其保护国内，以及按照本条约所规定让与地内，于本条约实行时，属于德国人民之一切财产、权利、利益及其所监督之公司，扣留或清理之”。[1]

此可视为前述有关德国殖民地和阿尔萨斯–洛林地区的处置规定的扩展版。如此征收的财产，如要清偿，应首先用于偿还德国所欠协约及参战各国国民的债务，其次用于支付协约及参战各国对德国前盟国的行为所提出的赔偿要求。任何余款，清算国政府如欲扣留，则必须记入赔偿义务之存款账内。[2]极为重要的一点是，并不强制要求清算国政府将余款上交赔偿委员会，而是规定，可将收益

① 第二百九十七条(乙)。

② 第十部第三编、第四编及第二百四十三条。

直接返给德国。这样一来，只要愿意，美国就可以利用手中所管理的大量余款来为供给德国生活品的费用埋单，而不必考虑赔偿委员会的意见。

这些条款源于用清算处(Clearing House)来解决敌国债务结算问题的方案。此举的本意是，让刚刚结束交战的各国政府负责汇集本国国民欠他国国民的私人债务信息(因为战争，政府的这项常规工作暂停了)，并负责将用此种方法收集到的资金分发给本国的债权人，结余一律用现金结算，庶几免于纠纷和诉讼。这种结算本应是双向的、相互的，其中主要是商业债务的相互偿还。但协约国挟胜利之威，在很多方面改变了这种相互承担责任的模式，使之对己有利，其荦荦大者有：和约一旦生效，则德国治下的协约国国民的财产需归还，而协约国治下的德国国民的财产则要么被扣留，要么被清算，结果就是德国的财产大部分被没收，于是全部的德国财产——占全世界相当大的份额——都要被没收，相当多的财产要置于公共托管机构和协约国同性质的官员的监管之下，很有可能被永久扣留。其次，不仅德国的资产要用来抵债，而且如果需要，“协约及参战各国国民对”土耳其、保加利亚、奥地利等“其他敌国领土内的财产、权利、利益的索赔”也要求用德国的资产来支付。该条款显然不是互惠性的。[①] 再次，任何最终属于德国的结余都不必归还，而是可以用于德国政府需要支付的各种债务。[②] 为此德国需

① 这段引文表述有些含糊。这段话涵括范围比较广，私人债务也纳入其中。但和约的最终版里，并没有明确规定私人债务的处置办法。

② 当然，关于德国财产的规定，在波兰及其他新成立的国家里又有所不同。在这些国家里，清算的收益可直接付给财产所有者(第九十二条)。

向协约及参战各国移交凭证、契据、交易信息等，以保证这些条款的有效实施。[①]最后，协约及参战各国与德国在战前签署的契约，可按前者的意愿，要么取消，要么继续有效。换言之，凡对德国有利的契约，就会被取消；对德国不利的，就得继续有效。

（b）以上我们所关注的是协约国治下的德国财产问题。接下来我们重点关注的是德国邻国和前盟国及其他相关国家里的德国利益清除问题。根据和约“财政条款”第二百六十条，赔偿委员会可在和约实行后一年内，要求“德国取得其人民在俄国、中国、奥地利、匈牙利、保加利亚、土耳其或各该国之属地内，或在前属于德国或其各盟国，而按照本条约之规定应由德国或其各盟国割让于任何一国，或由受委任国统治地内，不论何种公共事业或特许事业[②]中之各项权利与利益……完全转移于赔偿委员会”。这段文字内容比较宽泛，与上述第（a）点的规定有重复之处，但值得注意的是，这其中还包括了从俄国、奥匈帝国、土耳其帝国分出的新国家和领土。这样，德国的势力就被清除了，连同被清除的还有德国在所有邻国的资金，这些邻国本来是德国未来生存之本，是德国能源、企业和专业技能的出路所在。

该项规定具体由赔偿委员会执行，这是一项不寻常的使命：对

① 第十部第四编附件第十节：“自本条约实行之日起六个月期间，德国应将其人民所持在协约或参战国境内财产、权利及利益之一切契约、凭证、契据以及其他产权文件，连同经该国法律所许可成立任何公司之股票、债票及他种有价证券，交付于每一协约或参战国。……关于在协约或参战国境内之德国人民财产、权利及利益，以及自1914年7月1日以来该财产、权利及利益之交易一切情报，经有关系之协约或参战国询问，无论何时德国应供给之。”

② “不论何种公共事业或特许事业”这个表述还是含糊不清，但和约也没有给出准确的解释。

于由于社会失序、战争造成的混乱、被破坏的大片领土，该委员会是巨额的权利和利益的拥有者。胜利者之间由于战利品分配不均，需要有个强有力的机构，参加和会的二三十个国家里，既有贪婪的投机者，也有因嫉妒眼红而要求让步的，他们必将蜂拥而至，门槛踏破。

为了防止赔偿委员会因不掌握信息而无法履行其职责，条约规定，德国政府须在条约生效后六个月内，将此种权利与利益，“不论业已获得的、偶然获得的，或尚未实行的”，开列清单通报赔偿委员会；此期间未通报给赔偿委员会的，将自动失效，以让与协约国及参战各国。[①] 这种法令对人身及财产不在德国管辖范围内的公民来说到底有多大约束力，尚不得而知，但由于条约的专款或其他方面的规定，上述所有国家都感受到了协约国政府的压力。

(c) 与上述两点相比，第三点涉及范围更为广泛，前两点还没有影响到德国在中立国的权益。赔偿委员会获得授权，要求德国于1921年5月1日前，按照协约国要求，“用现金、商品、船只及有价值之物或用他物”先行偿付50亿美元。[②] 这就意味着此条款赋予赔偿委员会在此期间可随意处置所有德国人财产的权力。此外，根据此条款，他们可以指定任何一家商铺或公司、任何一类财产，令其交出财产；他们的权力不仅可以征收和约规定的期限内已产生的财产，而且对于在接下的十八个月里新出现或新获得的财产也仍可以随时征收。例如，德国在南美洲有家经营良好、实力雄厚的德国海外电器公司（D.U.E.G.），这家公司很有可能被协约国看上（赔偿

① 第二百六十条。

② 第二百三十五条。

委员会一旦正式成立就有可能这样做)，然后按符合协约国的利益的方式处置。该条款表述清晰，内容则无所不包。顺便提一下，值得注意的是，关于战败国赔款的征收原则，该条款也发明了新花样。如今，赔偿总额业已确定，赔款国可自行选择支付方法。但在某个时期，受偿国不仅规定了一定的偿还总额，而且还具体指定了必须用哪种类型的财产来支付。如此，赔偿委员会的权力之大[①]，足以破坏德国的商业组织和经济组织，进而影响到偿付能力。

以上三方面规定(当然还有其他的具体条款，兹不赘述)的共同作用的结果就是，剥夺德国国境(国境线是和约新确立的)之外的所有德国财产，或者毋宁说是授予协约国以随意剥夺德国的权力，而且剥夺还在继续。不仅德国的海外投资和经济联系被破坏，而且德国的前盟国和它的新的陆上邻国境内的德国投资和经济联系也面临灭顶之灾。

(5)为防止因思虑不周而使上述条款出现纰漏，和约还设计了其他条款来补苴罅漏。这些补充性条款对上述三方面的条款或许不会产生多大的实际影响，但为了全面展现战胜国对战败国的经济征服，这里还是有必要提一下这些条款。

首先是要求德国放弃权利的一般规定："在本条约所规定之德国欧洲界限以外，德国将其所属领土及其各盟国所属领土内所有权利、所有权名义或特权，并将其对于协约及参战各国所有权利及所有权名义或特权不论来源如何概行放弃……"[②]

其次是一些具体的条款。德国须放弃本可能在中国攫取的权

① 关于这个问题，本书第五章将详述。

② 第一百十八条。

利和特权。[1] 同样，在关于暹罗（Siam）[2]、利比里亚 [3]、摩洛哥 [4] 以及埃及 [5] 的条款中，也有类似的规定。有关埃及的条款规定，德国不仅要放弃在埃及的特殊的特权，而且根据第一百五十条，就连普通的自由活动的权利也被收回，而埃及政府则被赋予“行动之完全自由，以规定在埃及之德国人民地位及其定居条件”。

第二百五十八条还规定，“在协约及参战各国之任何一国内，在奥地利内，在匈牙利内，在保加利亚内，或在土耳其内，或在上述各国之属地内，以及或在旧俄罗斯帝国内”，德国须放弃在财政及经济国际机关的所有参与之权。

总而言之，对于德国在战前签订的条约和协定，只要在协约国政府要求恢复时，才可以恢复有效；凡是对德国有利的，可以宣布废止。[6]

与前述三类条款相比，这些具体的条款显得并不重要。这些条款，可以说是协约国为了便利地剥夺德国的权益、对德国实行经济征服，而特意补充的；只是对本已残破不堪的德国来说，这些条款实际上并没有起到很大的作用。

---

① 第一百二十九条和一百三十二条。

② 第一百三十五至一百三十七条。

③ 第一百三十五至一百四十条。（原文如此疑有误，当为第一百三十八至一百四十条。——译者）

④ 第一百四十一条：“德国放弃 1906 年 4 月 7 日阿尔赫西拉斯（Algeciras）一般决议书，及 1907 年 2 月 9 日与 1911 年 11 月 4 日法德协定所生之一切权利、所有权名义或特权……”

⑤ 第一百四十八条：“所有德国与埃及所订立之各条约、各协定、各协议或各契约，自 1914 年 8 月 4 日起均认为废止。”第一百五十三条：“在埃及与德意志帝国及其各联邦之财产及所有权应归埃及政府，毋庸补偿。”

⑥ 第二百八十九条。

二

如果从对德国国内的产业经济的最终结果而不是现值这个角度看，条约里关于煤和钢铁的条款其实更为重要。德意志帝国与其说是铁血铸国，毋宁说是煤铁立国。对鲁尔（Ruhr）、上西里西亚（Upper Silesia）、萨尔（Saar）等地大片煤田的熟练开采，才使得德国有机会发展钢铁、化工、电气工业，从而使得德国成为欧洲大陆的头号工业国。德国的三分之一的人口住在二万人以上的市镇里，这是工业集聚的结果，只有有了煤和铁才有这种可能。法国政治家的目标很明确，就是要设法破坏德国的煤供应。和约对此提出了极为过分的要求，而在技术上又是不可行的，这样一来，从长远看，反而拯救了当前的形势。

（1）和约对德国煤供应的打击，主要有四种方式。

（ⅰ）“为补偿法国北境煤矿之毁损，并除去德国应负之战争损害赔偿总数，德国将萨尔流域煤矿完全并绝对的所有权，免除一切债务或义务，连同独占之开采权均让与法国。”[①] 虽然该区的行政管理权委托国际联盟行使 15 年，但煤矿却要完全让与法国，这点务请读者注意。15 年期满后，萨尔流域领土居民均将就该地区未来领土主权归属问题举行全民投票，如果投票结果是与德国合并，则德国可以金币支付之价值将该地区的煤矿赎回。[②]

① 第四十五条。

② 第四部第四编附件第三章。（原文如此疑有误，当为第三部第四编附件第三章。——译者）

全世界都承认，对萨尔的这种处置是一种掠夺，是伪善。如果说法国被破坏的煤矿应当得到赔偿的话，那么条约其他条款已对此做出了规定。德国代表无可辩驳地宣称："德国还没有哪个工业区的人口像萨尔那样数量稳定、人员齐一、构成简单。萨尔的人口超过 65 万，而 1918 年那里才仅有不到 100 名法国人。萨尔地区归属德国已有 1 000 多年。德国在战时对法国部分领土的暂时占领，在缔结和约后就会马上终止，恢复原状。在长达 1048 年里，法国对该地区的占领总共还不到 68 年。根据 1814 年第一次《巴黎和约》，法国如今觊觎的萨尔区的一小部分领土当时规定仍归法国，即便如此，当地人对此极力反对，要求'回到父母之邦——德国——的怀抱'，因为他们与德国'在语言、习俗和宗教信仰方面的联系更为紧密'。在法国占领了一年又一个季度后，1815 年第二次《巴黎和约》充分考虑到了当地人民的意愿。于是该地区又归属德国，正是因为有了和德国的联系，当地的经济才得以发展。"

法国想要得到的是煤，以供应洛林的钢铁产区，可以说是以俾斯麦之道还施其身。[①]

① "我们接管萨尔煤矿的所有权，目的并不是要妨碍该地区煤矿床的开采。我们为居住在煤田区的 60 万德国人建立住宅区，我们的目标是，15 年后的全民公决时，这些德国人会选择将该地区留在法国。我们知道这意味着什么。在这 15 年里，我们会对他们做工作，从各方面吸引他们，直到他们发自内心地说出对法国的热爱。与用武力胁迫的方式将阿尔斯萨人和洛林人与我们分离的政策相比，我们要采取的政策的暴力色彩少得多。但越是暴政色彩不浓，就越是显得虚伪。我们当然知道，我们当中有人主张干脆将这 60 万德国人并入法国。大家都很清楚，克里蒙梭之所以希望把萨尔的煤田给我们，说到底是经济因素使然。可是，为了俘获这 60 万德国人的人心，使他们在 15 年后成为法国人，我们还犯得着让别人觉得我们是要欺骗他们吗？"（M. 艾维：《胜利》，1919 年 5 月 31 日）

（ⅱ）上西里西亚虽然没有大城市，但它是德国重要的产煤区，无烟煤年产量占德国总产量的23%。依全民公决之结果[①]，该地区要让与波兰。上西里西亚在历史上就从来不属于波兰，虽然该地区既有波兰人也有德国人和捷克斯洛伐克人（只是具体比例尚有争议[②]）。该地区的经济明显是德国式的；该地区的煤支撑了德国东部的发展；德国如果失去了该地区，将是对其经济的致命一击。[③]

① 在协约国的最后一次照会里，这项全民公决是协约国给德国做出的最大的让步，本来就不同意协约国对德国东部边界安排的劳合·乔治，却将此据为己功。在1920年春季到来之前，不举行投票，而且很可能要延至1921年。与此同时，该省暂由协约国委员会代管。投票按社区选举的方式进行。最终的边界方案将由协约国确定，而协约国既要考虑到各社区的选举结果，也要考虑当地的地理和经济条件，这就需要对当地情形有足够的了解，从而能够预测结果。如果把票投给波兰人，则当地可免于赔偿义务；若投给德国人，则将承担沉重的税负，这个因素绝不可忽视。另一方面，对那些看重经济利益而不是基于种族的投票者来说，新成立的波兰国负债累累，力有不逮，他们大概不会把票投给波兰。就诸如公共卫生、社会立法的完善程度等生活条件而言，上西里西亚也比周边的波兰区不知道强多少倍，要知道，周边的波兰区的立法才刚刚起步。可是在此语境里，已经假定上西里西亚不再属于德国。但一年后，什么事情都有可能发生，这个假定还能否成立，谁也说不好。如果前提假设就是错的，那么结论自然要修订。

② 德国政府声称，从选举的投票结果看，三分之一的人口会站到波兰一边，三分之二的会站到德国这边。当然，德国政府的这个说法不无矛盾。

③ 但不应忽视的是，在协约国对德国的最终照会里，除了与西里西亚有关的让步，和约第九十条还规定："波兰允诺按照本条约让渡于波兰之上西里西亚任何部分内之矿产，准其向德国输出，以十五年为期。此种产品应免除一切输入税，或因输出而加之限制，或其他义务。波兰并允采用必要之办法，务使此项矿产品出售于在德国之买主，与相类之产品在波兰或任何他国以同样情形出售于买主者，享有同等之优惠条件。"此条显然不是优先购买权，其实际效果现在还不好说。但显然，只要煤田仍维持此前的开采量，只要德国仍像以前一样大量购买煤炭，那么德国的损失就只不过是这种燃料进口对贸易平衡的那一点影响，对本书多次提及的德国的经济生活倒是不会造成更为严重的不良后果。对协约国来说，要解决这个问题，他们是有机会采取更为灵活的方案的。德国人已明确提出，如果说从经济的角度把萨尔区割给法国，那么循此之例，上西里西亚应划给德国。因为西里西亚的煤田对德国经济生活来说是必不可少的，但对波兰来说则可有可无。战前波兰对煤炭的年需求量为1 050万吨，其中的680万吨即来自毗邻

失去了上西里西亚和萨尔区，就意味着德国的煤炭供应将减少约三分之一。

（ⅲ）德国不仅失去了煤田，而且还得逐年赔偿法国北部省份由于战争所造成的毁损。和约第八部“赔偿”之附件五第二节规定：“德国应于十年内，每年以等于法国北部与加莱海口为战争所毁损之煤矿战前每年所产，与以后十年内每年所产之比较相差之煤额交付法国。此项交付最初五年内每年应不超过二千万吨，后五年内每年应不超过八百万吨。”

就该条款本身而言，倒不失合理可行；如果给德国留下其他资源的话，那么德国是能够履行该条款的。

（ⅳ）与煤有关的最终条款出现在条约第八部“赔偿”之第一编“一般规定”中。该编规定，为支付赔偿总额，德国可以使用现金支付，也可以用实物来支付。德国为支付赔偿额，可用煤或焦炭来抵一部分赔偿额，为此德国需向以下国家交付如下数量的煤（需要注意的是，下文提及的德国须交付给法国的煤的数量，不包括德国割让给法国的萨尔区的煤产量，以及德国对法国北部因战争破坏而赔偿的煤的数量）：

①十年内每年向法国交付 700 万吨；

②十年内每年向比利时交付 800 万吨；

③从 1923—1924 年至 1928—1929 年的六年内，每年向意大

上西里西亚的波兰地区，来自上西里西亚的只有 150 万吨（整个上西里西亚的年产量为 4 350 万吨），其余的来自现在的捷克斯洛伐克。即使没有上西里西亚和捷克斯洛伐克的供应，波兰也可以通过更充分地开采本国的煤田来满足需求（本国的煤田尚未得到科学的开采，因而有此潜力），还可以通过开采如今附属于波兰的西加利西亚（Western Galicia）的煤田以满足需求。

利交付的数量由1919—1920年的450万吨增至850万吨；

④如赔偿委员会有所要求，德国应每年以等于卢森堡战前每年消费之德国煤交付卢森堡。

将上述每年需交付的数量相加，平均每年需交付2 500万吨。

如果联系到德国的实际产量，那么德国要交付的煤数量就需要重新检讨了。战前德国年产量的最高峰是1913年的1.915亿吨，这其中煤矿本身就得消耗1 900万吨，3 350万吨用于出口，其余1.39亿吨均为国内市场所消费。据估算，各行业所需的煤数量如下：

铁路	1 800万吨
气、水、电力事业	1 250万吨
船上的煤舱	650万吨
家用燃料、小工业、农业	2 400万吨
工业	7 800万吨
总计	1.38亿吨

因领土割让造成的产量减少值如下：

阿尔萨斯-洛林	380万吨
萨尔河流域	1 320万吨
上西里西亚	4 380万吨
总计	6 080万吨

如此，根据1913年的煤产量估算，现在仍有1.307亿吨的产量。如果扣除采煤过程自身的损耗，也仍有差不多1.18亿吨的产量。此外，在若干年里，德国还要每年向法国交付2 000万吨煤，作为对遭到破坏的法国煤矿的补偿，向法国、比利时、意大利和卢森堡

交付 2 500 万吨[①]；在最初的几年里，前者是要交付的最大值，后者则可稍少些。将上述数字相加就可以看出，德国要向协约国交付的煤总量达 4 000 万吨，本国可用的数量为 7 800 万吨，而战前德国自身就得用掉 1.39 亿吨。

不过，要想得到准确的数字，还需要进行重大修正。一方面，不可以战前的产量作为当前产量的基准。1918 年的产量是 1.615 亿吨，而 1913 年的产量为 1.915 亿吨；1919 年上半年则不到 5 000 万吨（不包括阿尔萨斯-洛林及萨尔地区的产量，但包括上西里西亚地区的产量），照此估算，则 1919 年全年的产量为 1 亿吨左右。[②]造成产量如此之低的诸多因素之中，有一部分原因是暂时性的，是一种例外情形，但德国政府认为，其中的一些原因在将来必定会持续很长一段时间，德国政府的看法不无道理。就德国而言，很多方面已和欧洲其他地方并无区别，如工人每班次的工作时数已从 8.5 小时缩减至 7 个小时，德国的中央政府再想恢复到以前的 8.5 小时，已无可能。但由于封锁期间，必要的原材料缺乏，矿厂处境很不妙；由于营养不良，工人的体质很差（如果就连并非重要的赔偿也要支付的话，则生活标准就要大幅下降，德国工人营养不良的问题就无

① 根据条约第八部附件五第十节，赔偿委员会如果认定“完全执行上述之要求为过度，将妨碍德国工业上之需要”，则有权“展缓或取消其交付”。如出现展缓或取消交付情形时，“以煤代替被毁煤矿之煤，其交付应较其他交付为先”。这是最主要的一个条款，德国不可能一下子供应 4 500 万吨煤，还有就是法国优先收到来自德国的 2 000 万吨煤，然后才是意大利。赔偿委员会无权对此做出变更。意大利的报纸并非没有注意到该条款的重要性，意大利的报纸认为此条款是在意大利代表缺席时硬塞进去的（《晚间邮报》1919 年 7 月 19 日）。

② 由此可见，当前德国煤的生产率仅为 1913 年的 60%。如此开采，对矿藏的影响自然是灾难性的，冬季降临，如何过冬看来也很不妙。

法解决）；由于战争造成的伤亡，高效合格的矿工人数已减少。德国不可能恢复到战前的产量，这一点从英国的情形就足以看出。德国政府预计产量会下降 30% 多，这其中日工作时数的减少与其他经济因素的影响各占约一半。一般而言，德国政府公布的这个数字看上去也算靠谱，只是我不知道是否应当认可这个数字。

根据上述种种因素，战前的 1.18 亿吨的煤产量（这里是指减去了由于领土分割和煤矿自身消耗后的“纯”产量）很有可能得下调至最多 1 亿吨。[①] 而且这其中的 4 000 万吨还得交付协约国，那么德国国内可用的煤也就只有 6 000 万吨了。由于领土分割，供需均有所减少，但即使做最极端的估计，需求的减少量也不会超过 2 900 万吨。[②] 因此，根据若干前提条件的计算结果，以战前德国铁路和工业效能衡量，战后德国国内对煤的需求量为 1.1 亿吨，产量则不会超过 1 亿吨，而这 1 亿吨中还要抵押给协约国 4 000 万吨。

这个问题太重要了，请容我用稍长一点的篇幅做个统计分析。对于数字的精确程度，实不必过于看重，因为即使是精确的数字，也是假设的，是可疑的。[③] 但事实昭彰，无可辩驳。由于德国的领土被分割，生产效率下降，在不远的将来，德国无法出口煤炭（甚至还得借助和约权利来购买产自上西里西亚的煤炭），即使德国仍是

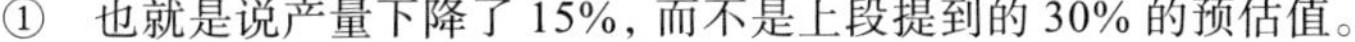

① 也就是说产量下降了 15%，而不是上段提到的 30% 的预估值。

② 这里假定德国工业企业的数量减少 25%，其他方面的需求减少 13%。

③ 读者诸君须知，上述估算并没有把褐煤的产量算进去。1913 年的德国，除了 2 100 万吨褐煤煤球，还有 1 300 万吨的褐煤原煤。但是，除了上面提到的煤的数量，这个褐煤数正是战前德国的需求量。我还不至于认为，只要多使用褐煤或节约使用煤炭，德国减少了的煤炭供应就可以得到弥补或缓解，但有些国家的政府的确认为，虽然德国的煤炭供应减少了，但只要德国多在丰富的褐煤储量上下功夫，就可以大大弥补减少的煤炭供给。

一个工业国。德国每交付一百万吨煤，就意味着关闭一家工厂。由于后面要谈到的后果，又由于受到某些限制，这种情形是有可能出现的。但德国不能也不会向协约国每年交付 4 000 万吨煤，这点很明显。协约国的部长们已告知他们的国民说德国能够做到每年交付 4 000 万吨煤，而欧洲人民对于部长们指引的道路不能不疑惧。眼下，为了消除人民的疑虑，部长们当然还得接着欺骗人民。

和约中的这些欺骗性的条款尤其会给将来带来危险。财政部长们先是利用对赔偿收入的过高期望来欺骗民众，在达到了延迟征税和紧缩开支的短期目的后，就再也不会提及了。但关于煤炭的条款，谁也不敢忽视，原因很简单，对法国和意大利来说，这是至关重要的利益所在，这两个国家会不顾一切地要得到这项利益。由于德国对法国煤矿的破坏导致法国煤炭产量降低，又由于英国等国煤炭产量的下降，再加上其他方面的原因，如交通及组织的破坏、新政府的无效率，结果就是，全欧洲都在不顾一切地找煤。[①] 而法国和意大利已经根据条约赋予的权利，开始了抢夺的实际行动了，他们是不会在这个问题上有丝毫让步的。

总体而言，现在确实是陷入了两难困境，法国和意大利的理由更为充分，从某个角度说确实是无可辩驳的。这种情形可以说是德国为一方的工业与法国、意大利为一方的工业的问题。或许大家都会承认，德国向其他国家交付煤炭会削弱德国的工业，但同样应承

---

① 据 1919 年 7 月胡佛先生的估计，欧洲（不包括俄国和巴尔干地区）的煤产量已从 6.795 亿吨降至 4.43 亿吨。他认为，虽然这其中有原料和劳动力的减少的原因，但这还不是主要原因，主要原因有：战后的物质匮乏和战争创伤使得工人体质下降、缺少铁路和火车等交通运输工具，以及某些煤区的政治命运未定。

认的是，如果德国不交付煤炭，就会危及法国和意大利的工厂。现在的情形是，即使是享有和约权利的胜利者也不占优势，尤其是，胜利国所遭受的毁损，大部分还是拜如今的战败国恶行所赐！但如果任由这种情感和这些权利肆虐泛滥，而不用智慧加以裁抑，那么其对中欧的生活和经济生活的反作用就会极为强烈，以至于超出原有之限度。

但这还不是事情的全部。如果法国和意大利想从德国那里弥补自身的煤炭供应不足，那么北欧、瑞士和奥地利就面临煤炭供应不足，因为这些国家战前也是从德国进口煤炭的。战前，德国仅出口到奥匈帝国的煤炭就有 1 360 万吨。由于之前的几乎所有煤田都不在如今的德意志奥地利共和国境内，如果德意志奥地利共和国仍不能从德国那里进口到煤炭，则该国的工业废地就得永无开工之日。至于德国的中立邻国的情形也好不到哪儿去，这些邻国虽然战前也从英国进口一部分煤，但大部分煤炭仍来自德国。在相当长的一个时期里，这些国家和德国的贸易往来都得是以物易物：他们向德国供给德国所需的原材料，德国则以煤炭支付。实际上他们已经这样做了。[①] 货币经济已解体，国际贸易中易货贸易已极为普遍。如今的中欧和东南欧，货币基本上不再作为交易的价值量度，也未必能买得了什么东西，结果是：假如甲国拥有乙国所必需的商品，当甲国向乙国售出该商品时，并不换取现金，而是通过双边协议，

① 战时，为数不少的贸易协定就是如此进行的。但在 1919 年 6 月这个月份，德国与丹麦、挪威、瑞士之间的极少数贸易协定就规定用煤炭来“购买”货物。虽然涉及的数量不大，但假如不用这种方式，德国就无法从丹麦获得黄油，从挪威获得食用油和鲱鱼，从瑞士获得牛奶和牛。

冲抵乙国卖给甲国的、对甲国来说极为重要的商品的款项。战前的国际贸易方式何其简便，而今的贸易方式又何其繁复。不过，对于如今正处于非常时期的工业来说，这倒不失为刺激生产之良策。透过鲁尔地区的“黄油班”[①]就可以看出易货贸易到了什么程度，从而窥见现代欧洲倒退到什么程度，一幅生动的画面呼之欲出：个人之间、国家之间的自由交易已不复存在，货币亦无所用之，低层次的经济组织方式正迅速逼近我们。但是，在其他方法都失败的情况下，仍有可能用这样的方式生产出煤。[②]

但假如德国可以向中立的邻国供煤，法国和意大利就更有理由宣称：如果是这样，那么德国就有能力而且必须遵守和约义务。在这种情况下，战胜国应表现出公正的态度，而且，有个很难反驳的事实是：虽然德国的矿工为了黄油而加班，但除此之外已无其他方法可以让他们去挖煤，即使卖掉这些煤炭，也无济于事；但假如德国没有煤供给邻国，那么德国也无从从邻国那里进口到对德国的经济存活至关重要的物资。

假如欧洲煤炭供应的分配变成一场你争我夺的斗争——法国优先，其次是意大利，其他各国也争先恐后要分一杯羹，那么欧洲的工业前景将是黯淡的，适为革命提供了温床。在此情况下，任何特殊的利益、个别的诉求，不管在情感上有多么难以割舍，也不管听起来有多么合理，都要服从于最高利益。据胡佛先生的估算，欧洲

① “约6万名鲁尔煤矿工人同意加班——即所谓的‘黄油班’，为的是向丹麦出口煤炭，以换取丹麦的黄油。黄油首先供应煤矿工人，因为这些煤矿工人正是为了国家获得黄油而工作。”（《科隆报》1919年6月11日）

② 那么英国的“威士忌班”的目的是什么？

的煤产量将减少三分之一。倘若胡佛先生的估算不差，那么我们将要面临的形势就是：煤炭必须按各自的实际需求公平地分配，此外，还应致力于生产率的提高和交通运输方式的改进。1919 年 8 月协约国最高委员会设立了欧洲煤炭委员会，成员由英国、法国、意大利、比利时、波兰、捷克斯洛伐克等国代表组成。煤炭委员会的成立，不失为明智之举，只要运行平稳，就会发挥重要作用。我本人对该委员会的若干建设性建议，将在本书第七章详述。这里我只探讨的是：如果严格按照和约规定执行的话，会有哪些后果。当然，这些“后果”是不会出现的，因为条约是不可能得到严格执行的。[①]

(2) 有关铁矿石的规定自不必详述，尽管这方面的条款将导致破坏性的后果。之所以不必过于关注，是因为这些条款的后果大部分是不可避免的。1913 年，德国约 75% 的铁矿石产自阿尔萨斯-洛林地区。[②] 被割让的这几个地区对德国的重要意义，也正在于此。

德国必将失去这些铁矿石产区，这是毫无疑问的。唯一的问题就是，德国到底能用多少设备来“购买”由这些设备开采出的铁矿石。德国代表团曾做出很大努力，想要在条约里加进一项条款：应

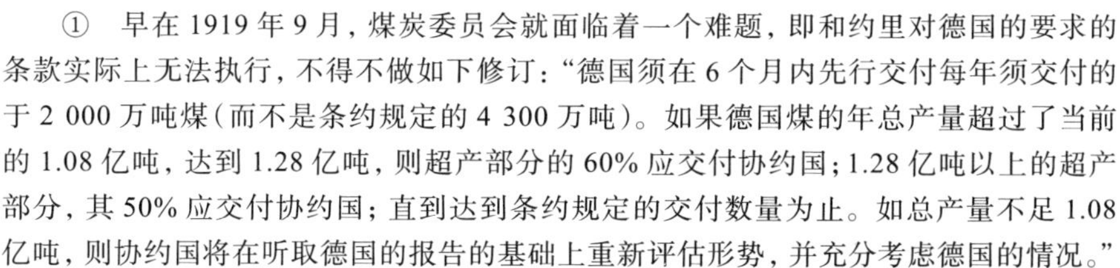

① 早在 1919 年 9 月，煤炭委员会就面临着一个难题，即和约里对德国的要求的条款实际上无法执行，不得不做如下修订：“德国须在 6 个月内先行交付每年须交付的于 2 000 万吨煤（而不是条约规定的 4 300 万吨）。如果德国煤的年总产量超过了当前的 1.08 亿吨，达到 1.28 亿吨，则超产部分的 60% 应交付协约国；1.28 亿吨以上的超产部分，其 50% 应交付协约国；直到达到条约规定的交付数量为止。如总产量不足 1.08 亿吨，则协约国将在听取德国的报告的基础上重新评估形势，并充分考虑德国的情况。”

② 1913 年，德国铁矿石总产量为 28 607 903 吨，而产自阿尔萨斯-洛林地区的就有 21 136 265 吨。由于割让上西里西亚地区而导致的铁矿石产量的减少数，实在是微不足道。除了阿尔萨斯-洛林的铁矿石损失，卢森堡的钢铁也被排除在德意志关税同盟之外，真可谓雪上加霜。顺便提一下，德国的锌有 75% 产自上西里西亚。

允许德国用供给法国的煤和焦炭来交换产自洛林的云煌岩。但德国代表团的努力是徒劳的，最后仍得按法国的意见办。

最终决定法国政策走向的诸多动机之间并非完全步调一致。德国铁矿石的75%产自洛林，而冶铁高炉中，只有25%位于洛林和萨尔河流域，相当多的铁矿石得运往德国。而德国约四分之一的钢铁铸造厂位于阿尔萨斯-洛林。因此，当前成本最低、利润最高的事情就是向大量德国出口矿藏品，实际上一直也是这样做的。

另一方面，已重新获得洛林矿藏的法国，预计会用本国的工厂来尽可能地替代当年曾奠定德国工业基础的那些工厂。不过，法国本国工厂的发展壮大、熟练工人的养成，均非朝夕之功。即使法国的工厂和工人都成长起来了，如果没有从德国进口的煤，法国对这些铁矿石也只能徒呼奈何。和前途未卜的萨尔地区一样，由于前景不明朗，那些本想在法国开矿设厂的资本家，如今却游移不定，踌躇再三。

其实，和其他地方一样，这里也是政治考量压倒了经济考量，当然后果也是灾难性的。在崇尚自由贸易和自由经济交流的环境里，如果铁矿石位于一国，而劳动力和高炉位于另一国，这根本不是什么问题。可实际上，人类还是发明了自我致贫和彼此致贫的种种方法，宁要集体的仇恨，也不要个人的幸福。有一点看来是肯定的，那就是，在当前欧洲资本主义社会的热情和推动作用下，随着政治上的新国境线的确立（无论是情感所系还是历史渊源，都有重新划定边界的合理诉求），欧洲有效的铁产量会下降，因为民族主义的情感和个人的利益所系，新的经济边界需与新的政治边界相一致。在当前欧洲的政治格局下，欧洲大陆有一种强烈的愿望：为医治战争创伤和满足劳工的高工资的要求，工厂必须最大限度地开足马力，而且还不能停下来，于是政治边境即经济边境的观念就流行开来了。[①]

一旦将上西里西亚移交给波兰，上述的后果同样会出现，虽然程度会小些。虽然上西里西亚几乎没有铁矿，但由于产煤，已是高炉遍地。天知道这些高炉最后会怎么样！如果来自西部的矿石供应被切断，那么德国还能越过东部边境出口所剩无几的铁矿石吗？工业效率必然会下降，产量必定减少。

如此，条约就是对欧洲经济组织的重重一击，而随着经济组织遭到的破坏，条约还使得本来已经减少了的整个欧洲的财富雪上加霜。煤和铁本来是现代工业生产的基础，如今却以此来划分经济边界线，而这样的经济边境不仅造成有用商品的减产，而且由于政治条约的规定或人为地为合理的工业布局设置障碍，如此划定的经济边境还使得各国动用大量的劳动力来拖煤拽铁，徒劳无益地千里转运。

三

兹述条约中有关德国交通运输和关税制度的条款。这些条款的重要性远非前述诸项能比。这些条款会刺痛德国，是对德国的干

① 1919年4月，英国军需部向洛林和其他德国被占区派出了一个专家委员会，调查当地的钢铁生产条件。调查报告认为，洛林地区及萨尔河流域的一部分地区的钢铁厂仍得靠威斯特伐利亚供应煤和焦炭。如将威斯特伐利亚的煤配之以萨尔的煤，即可产出优良的高炉焦，此举甚为必要。报告还认为，离了德国的燃料供应，洛林地区所有的钢铁厂就无法开工，德国真是“令人艳羡”。

涉，是困扰德国之举。这些条款之所以应该反对，会带来不利的后果是一方面，更重要的是，对协约国来说，比照他们的宣言，此举实属不光彩。读者不妨回想一下前文提到的那些让德国放下武器的保证以及这些保证意味着什么。

（ⅰ）虽然条约第十部“经济条款”涉及的内容很多，但开篇的若干规定还是体现了十四点计划中的第三点[①]——如果这些条款真的是互惠的话。无论是进口还是出口，但凡关税税则、章程及限制，德国都要给协约及参战各国以五年的最惠国待遇。[②]但德国却享受不到对等的待遇。

在五年内，阿尔萨斯-洛林向德国出口商品时，一律免征关税；输入德国每种物产之数量，每年不得超过1911年至1913年每年输入数量之平均数。[③]但德国商品出口到阿尔萨斯-洛林时，却无此待遇。

五年内，波兰和卢森堡向德国出口商品时，亦享有上述特权[④]，反之，德国向波兰和卢森堡出口商品时亦无此待遇。多年来，卢森堡因加入德意志关税同盟而从中获益，如今也永远地退出了该关税同盟。[⑤]

---

① 威尔逊十四点计划中第三点是：“在一切赞成和平和参加维护和平的国家当中尽可能地消除一切经济壁垒，建立平等的贸易条件。”——译者注

② 第二百六十四至二百六十七条。这些条款规定在五年期满后是否展期，应由国际联盟行政院决定。

③ 第二百六十八条甲款。

④ 第二百六十八条乙款和丙款。

⑤ 与此同时，卢森堡大公国还取消了中立制度，德国亦“预先承允协约及参战各国将来所订关于该大公国之各项国际协定”（第四十条）。1919年9月底，卢森堡就加入法国还是比利时关税同盟举行了全民公决，投票结果是，大多数人希望加入法国关税同盟。至于第三种选择即仍留在德意志关税同盟，并没有给投票者作为选项。

自条约实行之日起6个月内，由德国施于协约及参战各国之输入税则，不得超过战前适用于输入德国之最惠税则。第一期6个月后，在30个月之第二期内（即一共3年），此项规定应继续适用于某些商品，特别是战前德国与协约及参战各国所订制协定规定者；至于各类酒类与菜油、各种人造丝与洗过或擦净之羊毛，就更不用说了。[①] 这项规定极其荒谬，极不公平，这使得德国无法采取必要的措施来留下为数不多的资源，以购买必需品和支付赔偿。在当前德国的财富分配格局下，在用于国民身上的财政支出毫无节制的背景下，在普遍的前途未卜的心理支配下，德国还面临一个“威胁”：德国多年来未进口的奢侈品和半奢侈品，如今正源源不断地涌入。这样一来，德国本来就不多的外汇很快就会用完，至少也会大量流失。这些条款规定打击了德国政府的权威，使之无法确保此种消费模式下的德国经济安全，无法在这个时期增加政府税收。协约国不仅要榨取德国现有的财富，要求德国支付自身根本无法承担的赔偿金额，而且还为德国量身定制了一项特别法令：一俟德国恢复元气，必须进口香槟酒和丝织品。协约国的此种贪念终会弄巧成拙，真真是愚不可及！

还有一项条款亦将影响到德国关税制度，一旦实施，将导致多方面的严重后果。协约国保留在所占领的莱茵河左岸的德国领土内“关于进出口货物特别关税制度之权利，此举为保障该占领土内居民经济利益所认为必要者”。[②] 法国有一政策：在五年的占领期内，用某种方式将莱茵河左岸诸地区从德国肢解出去。和约里的这个

① 第二百六十九条。

② 第二百七十条。

条款可以说是为法国政策的背书。法国还一直酝酿一个计划：建立一个法国卵翼下的独立的共和国，以此作为法德两国的缓冲国，最好是让德国离莱茵河远点。有人认为，在15年甚至更长的时间里，恐怕会充斥着威胁、贿赂以及尔虞我诈。[①] 如果该部条款真的得以落实，莱茵河左岸的经济体系真的与德国分离，那么其影响将是深远的。不过，外交家往往是机关算尽太聪明，事情不一定会按他们的设计发展，所以我们对未来还是要充满信心。

（ii）有关铁路的条款，与交给德国的第一版相比，最终版的条约已对此做了重大修订，内容仅限于如下规定：货物来自协约及参战各国之领土而运往德国者，或货物来自各该国领土而运往各该国领土通过德国者，在德国铁路上关于应收各费，适用于德国任何铁路线上运输同样性质之货物，“有运输之类似情形者，其中以运路

① 这里不妨简单介绍一下有关占领德国的条款内容。凡坐落莱茵河左岸之德国领土连同各桥头，在15年期间内由协约及参战各国军队占领（第四百二十八条）。“但如果德国忠实遵守本条约之条件”，五年届满时，应撤退科隆（Cologne）桥头；十年届满时，应撤退科布伦茨（Coblenz）桥头（第四百二十九条）。但15年期间届满时，“届时协约及参战各国政府认为防止德国无端侵略之保障犹未充分，则占领军队之撤退，可以取得保障认为必要之范围内酌量予以迟延”（第四百二十九条）。“但在占领期间内，或在以上所载之15年届满后，赔偿委员会认为德国对于本条约发生之该国该国赔偿义务有拒绝全部或一部履行之处，则协约及参战各国军队得立时重行占领第四百二十九条所指区域之全部或一部”（第四百三十条）。由于德国是不可能履行全部赔偿义务的，上述诸条款实际上就意味着：协约国只要愿意，就可以占领莱茵河左岸地区，就可以决定该地区事务（例如，协约国不仅可以决定该地区的关税问题，还可以决定该地区的两个行政当局——由当地德国人组成的当局和协约国管辖委员会，诸如此类），行统治之实。因为“关于占领及本条约未规定事项，应为以后协定之内容，德国自兹即须保证遵守”（第四百三十二条）。关于所占德国领土的权宜的管理方式，已见诸白皮书（第222号）形式的具体议定书。被占领区的最高行政当局是协约国莱茵兰委员会（Inter-Allied Rhineland Commission），该委员会由比利时、法国、英国和美国各派一人组成。此议定书之具体条款可谓公正合理。

之长短为尤要”。[1] 此规定是单方面的，是对一国内部事务的干涉，没有什么正当理由[2]，不过，该规定及关于客运交通的规定[3] 到底会有什么后果，在很大程度上就看“运输之类似情形”这个说法如何解释。[4]

受德国要让与铁路车辆的相关条款的影响，目前德国的交通系统已受到严重干扰。协约国对德停战协定第七条规定，德国需交出 5 000 台整的机车和 15 万节“行驶良好且备有零件和必要配件”的车厢。条约则规定，对于已经交付协约国的各项材料，德国需声明让与，并承认协约国对于是项材料之权利。[5] 关于德国所放弃的领土内的铁路系统，协约国还进而要求德国按照 1918 年 11 月 11 日以前末次清单将铁路系统的所有车辆及配属之材料交出，并需具备“正常保存之状态”。[6] 也就是说，德国的铁路车辆无论怎样受损、经营无论怎样恶化，让与出去的铁路系统须是完好的。

诚然，经过一段时间，这种受损状况会有所好转，但由于缺少润滑油，加上战争的影响，铁路系统磨损严重，裂痕到处可见，又得不到起码的维修，德国铁路系统运行效率极为低下。由于和约的

① 第三百六十五条。关于本条规定，五年后是否对此进行修订，由国际联盟行政院决定。

② 德国政府决定从 1919 年 9 月 1 日起，取消所有钢铁类商品出口的铁路优惠关税，因为根据和约该条的规定，德国需给予协约国的贸易商以相应的种种特殊优惠，这样，铁路优惠关税就会被后者大大抵消。

③ 第三百六十七条。

④ 关于以上各规定之解释及其适用问题，应照国际联盟所规定者解决之（第三百七十六条）。

⑤ 第二百五十条。

⑥ 第三百七十一条。甚至连“旧俄属波兰路线，经德国改为德国路线之宽阔者，此项路线及视与普鲁士国有路系之支派相同者”，亦适用该条之规定。

规定，德国铁路系统又将蒙受更大的损失，在可预见的将来，无疑又是低效运行的状态。不仅如此，煤炭问题更是雪上加霜，出口行业的处境也将进一步恶化。

（ⅲ）条约中还有若干条款是关于德国河流的。这些条款与人们所普遍认为的协约国的目标无甚关联。可话说回来，协约国的真实目的又有谁说得清楚呢！不过，这些条款的确可以说是对一国内部事务的前所未有的干涉。一旦实施，足以对德国的交通系统形成全面而有效的控制。目前，这些条款的措辞固然并不占理，但只要稍加变一下措辞，就可以摇身一变而为冠冕堂皇的法律文书。

德国境内的大部分河流的发源地或入海口不在德国。如发源于瑞士的莱茵河有一段为德国的界河，最后在荷兰入海；多瑙河虽然发源于德国，但河段的大部分都在他国；易北河发源于波希米亚的山脉，而波希米亚即为如今的捷克斯洛伐克；奥得河流经下西里西亚；涅曼河发源于俄国，现如今成了东普鲁士的边界线。当然，莱茵河和涅曼河是界河；易北河大部分流经德国，但在上游，该河对波希米亚来说更为重要；多瑙河流经德国的那一段对德国来说有意义；奥得河差不多可以说是德国的河流了，除非全民公决的结果是将整个上西里西亚从德国分离出去。

那些“流经多国而入海”（和约语）的河流，需有一定的国际管制措施，同时需要许多保障措施以防出现差别对待。本来，负责对莱茵河和多瑙河进行管制的国际委员会也一直承认此项原则，但即便有这样的委员会，相关当事国也应有机会表达本国的利益诉求。可是，协约国却利用了这些河流的国际特征，以此为借口，剥夺德国对本国的河网的掌控权。

纵然某些条款的确申明了反对差别对待、反对干涉运输自由的精神[①]，但紧随其后的是，条约转而将易北河、奥得河、多瑙河及莱茵河的管理权转交给国际委员会。[②]这些委员会的最后决定权应“由协约及参战各国订立公约”规定，“并经国际联盟赞同”。[③]与此同时，诸委员会应立即着手准备各项国际协定规则，明确形势在握的各项大权，“决定其权力之范围，而以关于河网之保养、布置及改良各项工程之实行，财政制度，税则之成立及征收，与航行之规则为尤要”。[④]

到目前为止，关于条约，我们已探讨得不少了。运输自由也是良好的国际惯例的体现，并非可有可无，理应行之四海。前述诸委员会最为人诟病的就是成员组成问题。在所有的投票环节，德国总处于少数者的地位。在易北河委员会中，总票数为十票，而德国只拥有四票；奥得河委员会中，总票数为九票，而德国只拥有三票；莱茵河委员会中，总票数为十四票，而德国只拥有四票；多瑙河委员会的组成情况虽然还不大清楚，但德国拥有的票数应该不会很多。在上述诸河流委员会中，英法两国均有自己的代表；在易北河国际委员会中，不知道出于什么原因，里面竟有意大利和比利时的代表。

德国的主要水路就这样转到了拥有广泛权力的外国机构手中；

① 第三百三十二至三百三十七条。当然，第三百三十二条第二段也列出了例外的情形，即其他国家的船只可在德国各口岸从事经营活动，而德国的船只则不得在其他国家的口岸间从事经营活动，除非得到特许。

② 此外还规定，如有需要，则涅曼河和摩泽尔河稍后也应如此对待。

③ 第三百三十八条。

④ 第三百四十四条。这里特别指的是易北河和奥得河；多瑙河和莱茵河的相关问题，则多由现有之委员会处置。

汉堡、马格德堡、德累斯顿、什切青、法兰克福、布雷斯劳、乌尔姆等地的国内贸易活动也要听命于外国的机构。这样就好比欧陆列强要在泰晤士河管理委员会(Thames Conservancy)或伦敦港行使多数票的权力。

就连某些次要条款，亦可从中管窥协约国之想法。根据前面对条约的讨论，相信读者诸君对协约国的逻辑并不陌生。条约第八部“赔偿”附件三规定，德国须将内河船队吨数的20%的让与赔偿委员会。除此之外，德国还须将易北河、奥得河、涅曼河和多瑙河口岸船只的一部分让与协约及参战各国，具体的让与数量则由美国指派一名仲裁员“体察当事各方面正当之需要，而尤以在战争前五年内之航业为根据以决定之”，且所让与的船只须为最近所造者。[①]莱茵河的德国拖船及船只和鹿特丹港的德国资产之让与也照此办理。[②]莱茵河流经德法两国，但条约规定：法国拥有利用河水(包括灌溉和发电)之全部权利，而德国则一概不许染指[③]；且莱茵河上所有桥梁及其全部长度概归法国所有。[④]

不难看出，条约的“经济条款”内容可谓无所不包，凡是能使德国现在就陷入贫困凋敝、将来无机会翻身的措施，都巨细靡遗地写进了和约。在此情况下，德国须支付货币赔偿，至于赔偿的金额和付款方式，且待下章分解。

① 第三百三十九条。

② 第三百五十七条。

③ 第三百五十八条。当然，法国所生之水力价值之一部分，可交付德国。

④ 第六十六条。

第五章　赔偿

一　和谈前的承诺

协约国方面有权要求战损赔偿的种类，是根据 1918 年 1 月 8 日威尔逊总统提出的“十四点”的相关内容确立的，协约国政府又在各自的授权文件上对此加以修改，形成正式的照会文本，总统又于 1918 年 11 月 5 日将此文本正式通知德国政府，以此作为和谈的基础。至于具体经过，本书第四章的开头已经详细介绍过。简而言之，对于“德国从陆地、海上及空中侵略所造成的协约及参战各国平民伤亡和财产损失，德国应做出赔偿”。1918 年 2 月 11 日总统在国会的演讲——该演讲表达了与敌人订立协议的意愿——对此加上了限制条件，即“不得对德国征收特别税”，也“不得有惩罚性赔款”。

有人认为，对德停战议定书第十九段的序言[①]——序言的大意

① “在协约国和美国方面保留今后提出的任何权利要求和主张下，赔偿损失。在停战期间，敌人不得移动足以对协约国作为支付战争赔偿担保品的有价证券。立即归还比利时国家银行的库存，而一般地应立即移交有关被占领国的国家利益和私人利益的所有文件、硬币、有价物（动产和纸币及其印刷机）。德国军队拿走的俄国和罗马尼亚黄金应予归还并向它们移交。该黄金在签订和约以前由协约国负责保管。”

是“协约国和美国方面今后可提出任何权利要求和主张”——排除了和谈的所有先决条件。这样一来，协约国在开条件时就可以为所欲为。这种说法貌似有道理。但如果说这段当时无人重视的保护性措词排除了总统与德国政府就和约条款的基本内容进行的所有正式沟通，否定了“十四点”，把德国政府对停战条款的接受视为无条件投降进而影响到和约的财政条款，那是不可能的。这只是起草人惯用的陈词，是他凭印象列出的索赔清单，目的是不至于让人认为他已列出了所有的索赔项。无论如何，在协约国对德国的答复中即要求德国遵守最初的和约草案，内中有关赔偿的内容即是11月5日总统的照会中所提出的，前述说法也就不攻自破了。

兹假定德国必须履行照会中提出的要求，那么剩下的问题就是如何准确理解“德国从陆地、海上及空中侵略所造成的协约及参战各国平民伤亡和财产损失”这句话了。正如本章下一节所示，这段并不复杂也并不含混的措词，竟让诡辩家和律师都感到大费周章，这大概也是前所未有的。有人肆无忌惮地称，这应是指整个战争期间的花费，他们认为，整个战争期间的花费“均来自课税”，而战时的课税即是“对平民的一大伤害”。他们也承认，如此措词对德国来说，即意味着一笔沉重的负担，且措词在表述上还可以更为简练为“一切损失和支出”。他们还承认，如此明确地强调平民的人员伤亡和财产损失，将会带来不幸的后果，但是，起草人的失误并不意味着胜利者就应放弃其应有之权利。

然而，该措词就其本义而言是有限制的，还强调了不同于军费支出的平民的损失，不仅如此，读者还要注意该措词的语境，即总统的“十四点”里对“恢复”的提法。诚然，“十四点”提到了被占领土——比利时、法国、罗马尼亚、塞尔维亚、黑山[①](不知为何，总统未提意大利)——的损失问题，但并没有提潜艇和海上轰炸(如斯卡伯格海战)所造成的海上损失，也未提空袭造成的损失。协约国最高委员会向威尔逊总统所建议的，正是要弥补这些疏漏，即应把平民的生命和财产损失与被占领土里的损失一视同仁。当时(1918年10月底)我的看法是，作为一名政治家，不应总想着从德国那里攫取宽泛无边的战损赔偿金。他们只是想说明的是(对英国来说特别重要)，对非战斗人员及其财产损失的赔偿，不应限于被占领土(而"十四点"正是将其限制在被占领土上)，而应同样适用于所有诸如此类的损失——"无论是从陆地、海上还是空中侵略所造成的"。至于说，普通大众要求对所有的战争损失进行赔偿，为此认为哪怕使用欺诈手段、无中生有，在政治上也是无可厚非的，那就是后来的事情了。

那么，按照我们的协议的严谨说法，敌方应当赔偿的损失有哪些呢？[②]英国人列出的清单包括以下内容：

(a)由于敌国政府的行为——包括空袭、海军炮击、潜艇战、布雷等——所造成的平民生命和财产损失的赔偿。

(b)对被扣平民遭受的虐待的赔偿。

英国的清单并没有提宽泛无边的战争损失，像诸如由贸易损失

① Montenegro，又译门的内哥罗。——译者

② 顺便提一下，这里需注意的是，协议并没有将受害国的损失仅限于那些公认的交战规则所造成的损失。也就是说，无论是对商船的合法俘获还是非法的潜艇战所造成的损失，都可以提出赔偿要求。

而造成的间接损失就没有包括在其中。而法国所提出的赔偿要求，除了上述两点，还包括以下几点：

> (c)交战区平民的生命和财产损失，以及发生在后方的空战所造成的损失。
>
> (d)对由敌国政府或被占领土的敌国国民所劫掠的粮食、原材料、牲畜、机器、日用品、木材等的赔偿。
>
> (e)敌国政府或政府官员对法国的政权机构和国民所征用的物资和罚金，须予以偿还。
>
> (f)对于被驱逐的法国国民或被强迫劳动的法国国民，须予以赔偿。

除了上述诸条之外，法国还提出了颇有争议的一条：

> (g)救济委员会为敌占区的法国平民提供必要的衣食时所花费的费用。

比利时所提出的赔偿要求大体与法国相同。[①] 如果说就比利时而言，它所提出的近乎无所不包的战争损失的赔偿要求是否合理是可以争论的话，那么，也只能是从比利时被占期间是否有违反国际法的行为的角度做出判断。但是，想必大家已看到，“十四点”对

① 协约国国民所持有的前被占区所发行的有价证券和银行贷款，以及拖欠协约国国民的其他款项，应一并计入敌对国的债务，与战争赔款无关。

是否基于国际法没有明确的说法。[1] 和一般的战争费用一样，第(g)条下的比利时救济委员会的费用已由英国、法国和美国三国政府先期垫付了，因此比利时极有可能把德国偿付给她的钱用来偿还上述三国的债务。比利时如果提出此类要求，那就相当于英法美三国又提出了一项索赔要求。

其他国家所提出的赔偿要求也大致如此。只是他们更关心的是，对于德国的战时盟国——奥匈帝国、保加利亚、土耳其——所造成的损失，德国应承担多少连带责任。许多问题，"十四点"里并没有提及，这就是其中之一。一方面，"十四点"中的第十一点的确明确提到了罗马尼亚、塞尔维亚、黑山(门的内哥罗)的战损问题，只是没有提是哪国军队对上述三地所造成的损失；另一方面，协约国的照会只提到"德国"的侵略，也许他们本来想说的是"德国及其盟国"的侵略。真要细究起来，那么恐怕是指德国不必承担这些赔偿要求(如土耳其对苏伊士运河造成损失、奥地利在亚得里亚海的潜艇战所造成的损失)。可是如果协约国借题发挥，那么他们就会在大致不违背停战协定的大原则的前提下要求德国承担连带责任。

协约国内部也并不是铁板一块。如果英法两国想要拿到德国所能赔偿的，而意大利和塞尔维亚只能拿到奥匈帝国所能赔偿的那么一点点，那将是极不公平的。就协约国内部而言，有一点是明确的，即敌产应先集中起来，然后按各声索国的索赔额占总索赔额的比例进行分配。

在此情况下，如果我的估算不差，德国连协约国直接声索的合

① 实际上，比利时所提出的这一特别要求已写入和约中，德国代表对此亦无异议。

法赔偿都赔不起，再要求德国承担其战时盟国的或有债务，那是不切实际的。倘若能够拿出政治家的风度，对德国高抬贵手，不为已甚，让德国只需承担自身所造成的损失即可，那将是明智之举、高尚之为。

好，如果德国只需赔偿自身所造成的损失，那么需要赔偿的总额是多少？要给出有科学依据的准确估算值是不可能的，我也只能基于如下的经验数据给出一个估算值。

在巨额的赔偿总额中，被侵略地区的物质损失的额度就占了大头。若非实地走访、亲眼所见，法国境内曾经的交战区真是惨不忍睹，已无法形诸笔端。1918—1919 年的岁末年初的那个冬季，曾经的交战区还没有从战争中恢复过来，满目疮痍，靡有孑遗，那恐怖的画面真是摧心裂魄。可以说千里无人烟，室庐无人处，田园无人理。到处是残垣断壁、累累弹坑、纵横交错的铁丝网。[①]重建家园需要的劳动力之多简直无法计算。对于从这些地方归来的游人来说，兵祸惨状已难以用货币来描述。某些政府出于各种目的，竟然心安理得地利用了这种情感。

就比利时而言，比国公众的情绪就有点过分了。不管怎么说，比利时都是一个小国，被战争破坏的地区仅占该国的很小一部分。1914 年德国首次攻击比利时，的确给当地造成了一些损失。此后，在比利时的战线基本上是稳定的，而在法国，战火蔓延到该国大片

① 英国的观察员注意到，有一个地方与其他地方全然不同，显得尤为突出，那就是伊普尔（Ypres）地区。那里荒凉阴森，那里的自然色彩、地貌、气候仿佛是特意设计的，为的是给造访者以战场的记忆。1918 年 11 月初，这个突出部仍横陈着德军的尸体，这更增添了现实感，昭示了人间的恐怖。其时激战仍在继续，造访者仍能感受到这场战争的暴虐，而这种悲剧感只有在将来才能褪去一些，情感才会平复下来。

腹地。在比利时，战线实际上并没有推进，交战仅发生在该国之一隅，比利时的大部分地区还比较贫穷落后，冷清萧瑟，没有什么像样的工业。受灾面积不大的洪区，的确有些损失。当然，德国人在撤退时的确有意破坏了一些建筑物、工厂、道路，还掠夺了机器、牲畜和其他动产等。但布鲁塞尔、安特卫普（Antwerp）甚至还有奥斯坦德（Ostend），基本上未被战火波及。作为比利时重要财富之源的土地，大部分仍和战前一起可以继续耕种。即使是比利时破坏严重的地区，仍能和战前一样骑摩托车穿行，而法国所遭受的损失就远不是比利时所能比的了。德国曾对比利时的工业大肆劫掠，足以使该国工业一时瘫痪，但更换这些机器的实际货币成本只是缓慢地增加，只需几千万就可以恢复比利时所拥有的所有机器。此外，头脑冷静的统计员不应忽视的一点是：比利时人已拥有了非同寻常的自我保护能力；在停战议定书生效时，德国在比利时还留有不少钞票[①]，这就说明，尽管德国为政苛暴，但比利时某些阶层的人仍找到了从入侵者的支出中获利的途径。在我看来，比利时对德的索赔

① 这笔据估计不下于 60 亿马克的纸钞，如今不仅是比利时政府财政拮据的源头，还给比国政府造成潜在的巨大损失。比利时政府在战后恢复行使主权时，曾按 1.2 比利时法郎兑 1 德国马克的兑换率从国民那里接管了这笔资金。这一兑换比率远远超过当时外汇市场上马克的价值（更大大超出了马克贬值后的汇率，现在 1 比利时法郎的价值要高于 3 马克），由于有利可图，大量的马克纸币被偷运到比利时。比利时政府之所以做出如此草率的决定，部分原因是他们希望劝说和会让德国按面值回购这些纸钞，作为德国资产的第一笔应付款。但和会认为，与调整由极不正常的汇率所导致的过度的银行交易相比，赔偿问题才是最优先考虑的事项。比利时政府持有的这笔巨额的德国货币，加上法国政府所持有的近 20 亿马克（这是法国政府为了阿尔萨斯-洛林地区和德占区民众的利益以差不多同样的汇率兑换的），使得德国马克在汇率市场上的交易地位雪上加霜。比利时政府和德国政府当然愿意就此问题做出某种安排，虽然这将困难重重，因为赔偿委员会对德国所有可用资产拥有优先留置权。

额超过了战前比利时一国财富之总值，这种做法是极不负责任的。[①]

关于比利时的财富总值，这里不妨列一下1913年比利时财政部发布的官方数据：

单位：亿英镑

土地	2.64
建筑物	2.35
私人财产	5.45
现金	0.17
设备等	1.2
合计	11.81

根据这一总数，我们可以推算出比利时的人均财富为156英镑，该领域最权威的斯坦普（Stamp）博士认为这个数字太低了（尽管他不同意近来对此数字的过高估计），因为比利时的邻国中，荷兰人均为167英镑，德国为244英镑，法国为303英镑。[②]假如比利时人均为200英镑左右，则总额为15亿英镑，这个数字也相当高了。上表中比利时官方对土地和建筑物的估值比其余三项要更准确一些。另外，重建的费用也会不断增加，这点也应考虑到。

综合上述考虑，我认为比利时由于战争破坏和劫掠造成的**实物**损失之**最大值**不会超过1.5亿英镑，我的这个估算值与普遍认为的估算值相去甚远，尽管我不愿意降低估算值，但如果说比利时提出

① 为公平起见，这里不能不说明的是，比利时所提出的如此高额的索赔要求不仅包括被战争破坏的内容，还包括其他方面的内容，例如，比利时所认为的假如没有战争情况下的应得利润和收益。

② “The Wealth and Income of the Chief Powers”, by J.C.Stamp（*Journal of the Royal Statistical*, July, 1919）.

的这个索赔额确实有事实依据，我会感到吃惊。比利时宣称，德国对其课税、罚金、没收等行为造成的损失已达 1 亿英镑。如果把比利时的盟国在战时预付给比利时的 2.5 亿英镑(其中包括了救援物资的价值)也算上的话，那么比利时的索赔总值将达到 5 亿英镑。

法国所受兵燹之厄更为严重。法国境内不仅战线长，而且该国纵深的很多地方还多次发生拉锯战。民众普遍有个错觉，认为比利时才是战争的最大受害国。可是，如果考虑到伤亡人数、财产损失、将来的债务负担，比利时都不是参战国中除美国之外牺牲最少的国家。协约国中，如果按比例计算的话，塞尔维亚的损失最大，法国次之。不管从哪方面来看，法国都是德国野心膨胀的牺牲品，一犹德国之于比利时；法国之被卷入战争，实在是无可避免。在我看来，且不管法国在和会上的立场如何，法国在和会上的立场很大程度上是源于自身所遭受的损失，因此最有理由提出承受范围之内的最高赔偿额。

人们之所以对比利时有此普遍的看法，是因为 1914 年的比利时的确是协约国中牺牲最大的国家，但在这之后比利时就成了战场上的配角。截至 1918 年底，比利时的相对牺牲(不包括那些由于侵略而造成的、无法用货币来衡量的损失)就大大排后了，在某些方面甚至还不如像澳大利亚这样的国家做出的牺牲大。我之所以指出这一点，并不是想推卸对比利时的责任，我们负责任的政治家在不同场合发表的声明已把这一点确定了下来。在比利时所提出的合理的赔偿要求得到充分满足之前，英国不应向德国提出任何偿付要求。但这并不意味着我们或者他们就有理由在损失总数上弄虚作假。

法国提出的赔偿数额极大，可以说是狮子大开口，连法国的统计学家都不讳言。敌人有效占领的地区不会超过法国总面积的10%，遭到严重破坏的地区不会超过4%。法国城市中人口在3.5万人以上的共有60座，只有兰斯（Reims）和圣康坦（St. Quentin）两座城市遭到破坏，里尔（Lille）、鲁贝（Roubaix）、杜埃（Douai）遭到占领且机械等资产遭到掠夺，但其他方面尚无重大损失。亚眠（Amiens）、加莱（Calais）、敦刻尔克（Dunkerque）、布伦（Boulogne）则只是遭到了空袭所造成的间接破坏。当然，加莱和布伦的受损值还不止于此，因为两地新建了不少供英国军队使用的工事。

根据《法国统计年鉴（1917年）》（*Annuaire Statistique de la France, 1917*），法国的总房产为23.8亿英镑（合595亿法郎）。[①] 如果把被战争破坏的房产估算值定为8亿英镑（200亿法郎），显然有些离谱。[②]1.2亿英镑（战前价值，现值2.5亿英镑）的估算值更为接近真实值。法国土地的价值（不包括建筑物）估算值当在24.8亿至31.16亿英镑之间，因此如果把土地的损失值定为1亿英镑，那就是大大高估了。据负责任的权威专家估算，法国的农业资本不会超过4.2亿英镑。[③] 此外还有设备和机械损失、煤矿损失、运输系统的损失及其他次要方面的损失。但法国受损面积并不大的这些地方的这方面损失，无论有多么严重，都不可能达到数亿美元。总之，在被占领和破坏的法国北部地区，实物的物质损失都不会超过25亿美元。[④] 我

① 斯坦普博士的估算值为24.2亿至26.8亿英镑之间（出处同前引文）。

② 该数据是查尔斯·纪德（Charles Gide）在1919年2月出版的《解放》（*L'Emancipation*）一书中明确而大胆披露的。

③ 关于以上数据的详情，参见斯坦普博士（出处同前引文）。

④ 即使物质损失的程度能够估算出来，其价值也很难确定，因为估算值在很大程度上取决于重建的起止时间以及重建方式。无论如何都不可能在一两年内就完全恢复

的这一估算值得到了勒内·普平(René Pupin)先生的支持，普平对法国战前财富做了最为全面而科学的估算[①]，我也是在得出自己的估算值后偶然发现，他的结论竟和我不谋而合。作为该领域的权威人士，普平对法国被侵略地区的实物损失值估算为 4 亿至 6 亿英镑(100 亿至 115 亿法郎)[②]，我的估算值正好位于该区间。

但是，迪布瓦(Dubois)先生认为赔偿的数额“最低”也得 26

被破坏的地区，如果过度使用现有的人力和原材料，那么只能使价格高得离谱。我认为，必须对人力物力的成本按当时的市场价格来估算。实际上，我们可以负责任地说，严格意义上的重建是不存在的，因为没必要假定这种重建。很多城镇破败不堪，不少村庄惨不忍睹。要在原地原样地重建，那真是愚不可及。对于土地，明智的做法是，在某些情况下，可以撂荒若干年再说。这里应当只计算物质损失值，以此作为赔偿的总金额数，这笔钱应由法国来支配，以增进法国的整体经济为目标。关于此问题的争论，最早是发生在法国。1919 年春，法国议会展开了一场旷日持久而又没有结果的辩论，争论的焦点是：受破坏地区的居民在收到赔偿款后，这笔钱只能用于恢复原先一模一样的各项财产，还是任由本人自由支配？辩论双方都说了一大堆理由。前者的问题是，对于那些不想在未来的几年里就动用财产而又不能自由支配这笔费用的人来说，如此规定将给他们带来很大的困扰和不确定性；后者的问题是，如果很多人都被允许把赔偿款用到别的地方，那么法国北部地区的农村就永无恢复之日。我认为，明智的办法是，留有余地，让经济动机来自发调节。

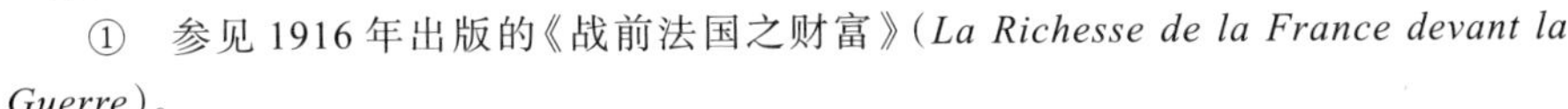

① 参见 1916 年出版的《战前法国之财富》(*La Richesse de la France devant la Guerre*)。

② 《蔚蓝杂志》(*Revue Bleue*) 1919 年 2 月 3 日。在关于法国赔偿额的诸多估算值中，该估算值常被引用，以用于支撑他们的观点，沙里奥(H. Charriaut)和阿科(R. Hacault)合著的《论战争的结算资金》(*La Liquidation financière de la Guerre*)一书第四章即引用了该数据。实际发生的修复重建程度也进一步支持了我的估算值的取值范围，正如 1919 年 10 月 10 日塔尔迪厄(Tardieu)先生在一次演讲中所说的：“9 月 16 日，在遭到破坏的 2 246 公里的铁路中，已修复的有 2 016 公里；在遭到破坏的 1 075 公里的运河中，已修复的有 700 公里；遭到炸毁的桥梁、隧道等有 1 160 座，已建成的有 588 座；轰炸、炮击造成了 55 万所房屋被毁，已建成的有 6 万所；因战斗造成的 180 万英亩土地荒芜，如今已耕种的有 40 万英亩，准备播种的有 20 万英亩。此外，还拆除了 1 000 万米的铁丝网。”

亿英镑(650 亿法郎),这还不包括"战时征用的数额、海上损失、道路及公共纪念碑损失"等。迪布瓦先生是代表法国议会预算委员会说这番话的。1919 年 2 月 17 日,法国重建部部长卢舍尔先生在参议院发言时提出,被破坏地区的重建费用为 30 亿英镑(750 亿法郎),是普平先生所估算法国居民的全部财富的二倍还多。但当时由于卢舍尔先生在和会前正积极鼓吹法国的赔偿要求,卢舍尔先生等人想必也心知肚明:真实的赔偿数额与"爱国主义者"所主张的赔偿要求并不一致。[1]

上述所列的各种数字还不足以涵括法国的赔偿要求的全部。特别是,法国的损失还包括德国在法国被占区的征税和没收的财产金额,以及被德国巡洋舰和潜艇攻击的法国商船的损失。这几项损失最多有 2 亿英镑,但为了保险起见,我们不妨把这几项的损失值估计得大一点,如 3 亿英镑,这样,加上前面提到的 5 亿英镑实物的物质损失,一共的损失是 8 亿英镑。

迪布瓦先生和卢舍尔先生所说的估算值是在 1919 年早春的时候,而 6 个月后(1919 年 9 月 5 日)克洛茨先生在法国议会发表的演讲就是不可原谅的了。在演讲中,这位法国财政部长认为,法国应向德国提出财产损失的赔偿总金额(应该包括来自海上的损失,但不包括抚恤金和征属津贴)据估算应为 53.6 亿英镑(1 340 亿法郎),是我的估算的六倍还多。如果说我的估算值或许有误差,但克洛茨先生的估算值可以说是信口开河了。倘若法国的部长都是

① 这些"爱国主义者"的估算值中,有的既包括直接的实物损失,也包括或有损害和非实物损失等。

如此地欺骗法国人民，那么当事情的真相明了之时（实际上，不管是他们所公布的赔偿额还是德国的偿还能力，民众很快就会知晓），所打击的就不仅仅是克洛茨先生，很有可能会对克洛茨先生所拥护的政府和社会的威信造成冲击。

就目前的形势而言，英国所提出的赔偿要求就仅限于海事损失，包括船体和货物损失。当然，英国所提出的赔偿要求主要是对空袭和海上攻击所造成的平民的财产损失，但这方面的数字加起来并不大，500 万英镑足够了，我们不妨取 1 000 万英镑这个数字。

因敌方行动造成的英国受损船只（不包括渔船）数量为 247 艘，总毛吨位数为 7 759 090 吨。[①] 关于这些船只的重置成本的比率，各方争议较大。这里取每毛吨 30 英镑的数字，相对于快速增多的船只制造，这个数字很快就会显得太高，但也可能会被更权威的人士所偏好的其他数字所取代。[②] 按照每毛吨 30 英镑计算，受损船只总损失为 2.3 亿英镑。货物损失也要加上，但问题是，货物损失值就只能靠猜测了。如果按受损船只每吨 40 英镑的货物估算，应该比较接近实际情况，这样，货物损失的估算值为 3.1 亿英镑，两者相加，总值为 5.4 亿英镑。

在英国的损失中，还应加上 3 000 万英镑，这主要是空袭、炮击造成的损失以及被拘禁的平民的赔偿要求，再加上其他方方面面

① 这其中的相当一部分是为协约国服务过程中所遭到的损失，这样，无论是协约国的赔偿要求里还是我们的赔偿要求里，此项损失不可重复计算。

② 对于已沉的 675 艘共计 71 765 毛吨的渔船及 1 885 艘共计 8 007 967 吨受损或遭到袭击但还不至于沉没的船只，上述数字并不包括对此的补贴值，这可以用来反驳那些主张用过高的重置成本数字计算的算法。

的细目，1.5 亿美元应该绰绰有余，这样，英国的索赔总额为 5.7 亿英镑。读者诸君也许会感到奇怪，为什么英国提出的索赔金额远少于法国，也就比比利时略高而已？但要知道，对于英国这样的国家来说，不管是货币损失还是实物损失来衡量，商船损失给这个国家的经济实力造成的损失都是巨大的。

此外，意大利、塞尔维亚、罗马尼亚也提出了对由于遭受侵略造成的损失进行赔偿的要求，其他国家，如希腊，提出了海上损失的赔偿要求。[①] 兹假定，这些国家都是向德国提出索赔，即使他们所遭受的直接损失并非德国而是德国的盟国造成的，但这并不包括俄国的索赔要求。[②] 意大利由于遭受侵略而造成的损失和海上损失并不很严重，5 000 万至 1 亿英镑足矣。如果就人口损失而言，塞尔维亚的损失的确是协约国中最大的[③]，但就货币损失而言并不是很大，特别是考虑到其较低的经济发展程度。前面提到的斯坦普博士的那篇文章中也援引意大利统计学家马罗伊（Maroi）的估算值，

① 由于在地中海航行非常危险，希腊的商船损失相当大，但这主要是在为协约国的其他国家服务过程中造成的，接受希腊船只服务的其他协约国直接或间接地给予了赔偿。希腊为本国国民服务的商船损失并不大。

② 对于俄国的此项权利，和约有专门的规定：“主要协约及参战各国正式为俄国保留根据本条约之原则向德国索取一切回复及赔偿之权利。”（第一百十六条）

③ 迪乌里奇（Diouritch）博士在“南部斯拉夫国家的经济和统计调查”（Economic and Statistical Survey of the Southern Slav Nations）一文（载《皇家统计学会杂志》1919 年 5 月期）就塞尔维亚的人口损失情况援引了一些数据：“根据公报，塞尔维亚阵亡及截至塞尔维亚发起最后一次攻击前被俘期间死亡的人数为 32 万人，这意味着塞尔维亚 18—60 岁的男子有一半死于欧战的疆场上。此外，据塞尔维亚卫生部门估计，约有 30 万平民死于伤寒，被敌方拘禁期间死亡或失踪的人数估计有 5 万人。在塞尔维亚的两次撤退期间以及阿拉伯人撤退期间，估计有 20 万青少年死亡或失踪。还有，在敌人所占领的三年里，由于缺医少药，估计有 25 万人死亡。”把上述数字相加，他认为塞尔维亚人口减少了共 100 万人，占旧塞尔维亚人口的三分之一多。

认为塞尔维亚的国民财富总值为4.8亿英镑，人均105英镑，其中未遭到永久破坏的土地价值占了大头。[①] 根据比这几个国家索赔的合理值的大致范围略多的原则，我对上述诸国的索赔值总额做了个粗略的估算值：2.5亿英镑。

现将结果汇总如下：

国别	索赔额（单位：亿英镑）
比利时	5[②]
法国	8
英国	5.7
其他国家	2.5
总计	21.2

尽管上述数字都是估算值，关于法国的数字更是极易招致批评，但我无意让读者强化此点印象。不过，我可以自信地说，我的估算值之于真实值可以说是八九不离十。根据协约国对停战协定前达成的协议的理解，德国应支付的赔偿金额在16亿至30亿英镑之间。

这就是我们应当向敌方索赔的数额。我认为，在和谈时如能让德国同意支付20亿英镑的赔偿，至于细目且不去管，那将是明智而公正的，至于原因，后文将详述。这将是直接而明确的方案，只需德国支付一笔付得起的赔偿额即可（如果我们对德国不为已甚的话），这笔总的赔偿金额将在协约国诸国内部基于需要和大体公平

① 参见马罗伊《意大利及其他主要国家的财富计算方法》（*Come si calcola e a quanto ammonta la richezza d'Italia e delle alter principali nazioni*），1919年出版。

② 这里包括协约国给比利时的贷款中用于战时的一般性支出的2.5亿英镑。

的原则进行分配。

但事实并非如此。

二　和会及和约条款

我认为，在停战协定生效的那一天，协约国方面的政府没有指望从德国那里获得超出协约国中被侵略领土上的直接物质损失以及潜艇战造成的直接物质损失值的赔偿金。当时就有人严重怀疑德国能否接受我们提出的条款，因为从很多方面来看，条款极为严苛，而且还会让人以为：如果要求德国赔款，赔偿的金额是协约国不可能事先算好的，因而能否得到也未可知，那就意味着战争会继续打下去，此非负责任的政治家所为。我认为，法国是绝不会接受这样的思路，但这正是英国的态度，这就是停战协定签订之前的形势。

但一个月后的形势就完全不同了。德国的形势已是让人回天无力，尽管有人已预料到德国会出现这种情形，但谁也不敢打包票说一定会发生。显然，如果我们料定会出现那个结果，我们完全可以选择让德国无条件投降。

但是，在此形势下，还有另外一个对具体的国家而言更为重要的新因素。英国首相意识到：敌对状态的终结，极有可能也是他赖以施加个人影响的政治联盟的瓦解；在英国国内，复员、由战时转为平时、财政状况、民众的心理反应，等等，都是颇为棘手的问题，如果处置失当，任由发酵，结果只能是授人以柄。由于首相权力之行使，有浓厚的个人色彩，是超越党派利益的，是无涉原则之争的，这在英国政治史上是极不寻常的，因此，巩固权力之最佳时机，正在于由战争胜利所建立起来的威信消退之前民众强烈的敌视德国的情绪，必须把此时民众的情绪建立在一个新的权力基础之上，才能挺过不久的将来无可避免的反对浪潮。因此，在停战协定签订之后的一段不长的时间里，首相就成为大众心目中的胜利的缔造者，威信和权威达到了顶峰，于是他宣布举行大选。当时，此举被认为是政治上的损招。从公共利益的角度而言，只能是暂缓选举，直到战后新时期的诸多问题清晰起来，国家在一些事情上有了明确的立场，新的政府成员对此无人不晓。但个人野心压倒了一切。

一开始，似乎一切进展顺利。但面对大大提前的大选，候选人却提不出能打动人心的口号。挟战争胜利之余威，战时内阁要求继续行使权力。但由于一方面许多新问题还没有弄清楚，另一方面也出于对联合政府微妙平衡的考虑，首相对未来的政策往往三缄其口，或者大而化之地说些笼统的话，因此选举似乎有些平淡。虽说接下来的事件表明，联合政府不大可能会解体，但政党高层还是很容易就“乱了方寸”。首相的神经质般的顾问曾告诉他，事情会出现对首相不利的意外，而首相自然是对他们言听计从。政党高层要求“动起来”，首相就真的动起来了。

现在我们假定，首相又回到权力的宝座，那么接下来的一切也就顺理成章了。在这个关键时刻，某处传来一种声音，说政府并没有明确表示不“放过敌人”。休斯（Hughes）先生因主张要求向德国索要一大笔赔偿款而名声大噪[①]，诺思克利夫勋爵（Lord

① 由于事关休斯先生的声誉，这里必须说明的是，休斯先生从一开始就认为停战

Northcliffe)[1] 对此可谓遥相呼应。首相采纳了休斯先生和诺思克利夫勋爵的主张，正可收一石二鸟之效：既能安抚那些激烈的批评者，同时也给政党高层一个很好的平台，使他们能够消弭来自其他方面的日益尖锐的批评意见。

对首相来说，1918 年的大选过程是一段糟糕的、富有戏剧性的历史，暴露了他的弱点：他并不是从自身真实的冲动中寻找灵感，而是从周遭易变的氛围中获得灵感。首相的直觉往往是正确的，合理的。他本人并不相信“绞死德皇”及要求德国赔偿一大笔款之类的主张。11 月 22 日，他和博纳·劳(Bonar Law)先生公布了竞选纲领。竞选纲领明确提及了裁军、国际联盟等问题：“摆在我们面前的首要任务，是缔结公正、持久的和平，为将来永无战争的新欧洲奠基。”11 月 24 日，也就是解散议会的前一天，首相在伍尔弗汉普顿(Wolverhampton)的演讲中对于赔偿问题只字未提。过了几天，博纳·劳先生在格拉斯哥(Glasgow)也没有做出任何承诺。“我们将作为协约国的一员参加和会，”他说，“所以，不管政府成员本人怎么想，都不要指望他在赴会前透露有关具体问题的谈判方针。”但过了几天(11 月 29 日)，在纽卡斯尔(Newcastle)的演讲中，首相开始谈论他的立场：“当年德国打败法国时，曾要求法国赔偿。这可是德国确立的原则。此原则是毫无疑问的，我们当然也会奉行

前的谈判会影响到我们要求德国赔偿方方面面的战争损失的权利，他反对已达成的此类协定，声称他本人并没有参与此事，他本人亦不受此约束。休斯先生之所以如此愤慨，部分原因很可能是，由于我们对德索赔的权利的解释做了重重限制，未受到战争破坏的澳大利亚就不可能向德国提出赔偿要求。

① 诺思克利夫勋爵(Lord Northcliffe)，旧译北岩爵士，英国新闻事业家，19 世纪末 20 世纪初英国现代报业奠基人。——译者

这个原则，即德国必须在它所能承受的极限内赔偿战争损失。”当然，首相在阐述此原则时，同时也用“警告性的语句”提示听众注意这其中存在的实际困难：“我们已指派了一个阵容强大的、能代表各方意见的专家委员会，他们会审慎地考虑这个问题并向我们提出建议。向德国索赔是正当的要求，这毫无疑问。德国应该赔款，德国应该拿出它能够拿出的一切，但我们不允许德国以毁灭我们工业的方式来赔款。”在这段时间里，首相是要表明：他想以极为审慎的态度来探讨德国赔偿问题，但不会对实际能够得到的货币赔偿提出过分的要求，他本人不会在和会上采取特定路线的行动。有传言说，伦敦金融界某要人理所当然地认为，德国能够支付 200 亿英镑；哪怕把这个数字翻一番，他也不认为有什么大不了的。劳合·乔治先生则暗示，财政部的官员也有不同的看法。这样，由于顾问们观点各异，言人人殊，首相正可以以此为挡箭牌，说德国偿还能力的准确数字尚无定论，而为了国家利益，他会竭尽全力争取最好的结果。对于我们根据总统的“十四点”所达成的一系列协议，首相往往不置一喙。

11 月 30 日，战时内阁成员之一、工党代表巴恩斯（Barnes）先生在某个场合疾呼：“我支持绞死德皇。”

12 月 6 日，首相发表了施政纲领和政策目标，特别强调了“欧洲”一词：“协约国的所有欧洲成员国一致认可这样的原则：同盟国必须在支付能力范围内尽最大限度地支付战费。”

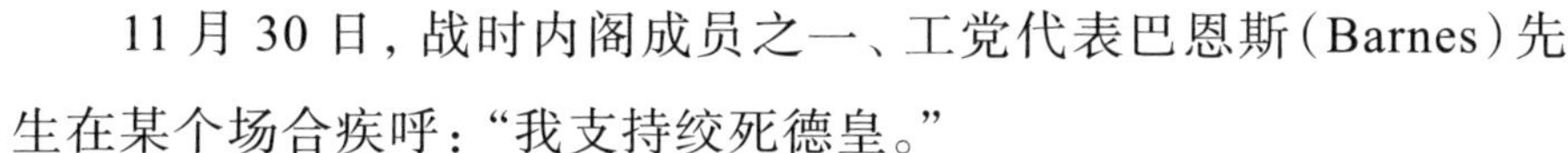

但在离投票日还有一个星期多的时候，首相还是没有给听众以满意的答复。为了减少来自同行的压力，12 月 8 日的《泰晤士报》和以前一样，发表了看似得体的题为“让德国赔偿”的社论，称“首

相出尔反尔，公众无所适从”。社论还认为：“人们对有关饶恕德国的影响因素有诸多猜疑。决定德国支付能力的唯一动机，只能是协约国的利益。”该报的政治记者写道：“作为候选人，他应当正视今日之种种问题，接受巴恩斯先生主张的‘绞死德皇’，坚决主张让德国支付战费。他应当唤醒听众，回应民众反应最强烈的问题。”

12 月 9 日，在女王厅(Queen’s Hall)，首相仍回避这个问题。但也正是从这一天开始，首相的想法开始天马行空，演讲也是信口开河了。最令人作呕的表演是应埃里克·格迪斯(Eric Geddes)爵士的邀请在剑桥市政厅的演讲。在之前的演讲中，首相曾直言不讳地质疑从德国那里攫取所有的战争费用的可能性，结果他的这种不明智的坦率反而遭到了严重质疑，因此他要挽回声誉。如今，这位忏悔者向听众喊道：“我们要像挤柠檬汁那样从德国那里拿到全部赔偿，乃至更多。我们要(像榨柠檬汁一样)榨取德国，直到你们听到柠檬籽吱吱作响。”他的政策就是，拿走德国在中立国和协约国境内的一切财产；德国所有的金银财宝以及德国美术馆、图书馆的所有藏品，都拿出来卖掉，收益归协约国。“是的，我们就是要剥夺德国，一如德国对比利时的剥夺。”

12 月 11 日，首相可以说是彻底屈服了。这一天，他向选民公布的最终版的六点竞选纲领，与三周前的纲领反差太大了。这六点纲领是：

1. 审判德皇；
2. 惩办战犯；
3. 德国应支付最大限度的赔偿金额；

4. 无论是在社会层面还是工业层面，英国都应为英国人服务；

5. 补偿战争受损人士；

6. 建设幸福国家。

这成了讽世者的笑料。这名英国政治强人不久前还公开主张裁军、建立国际联盟、缔造公正持久的和平，以此作为新欧洲的基础，在竞选的三个星期里，就被贪婪、情绪化、偏见、欺骗所征服。

同一天晚上，在布里斯托尔（Bristol），关于赔偿政策，首相实际上收回了此前的保留态度，制定了四条原则，要点如下：首先，我们完全有权就全部战争费用提出赔偿要求；其次，我们建议德国应赔偿全部的战争费用；再次，内阁指派的专家委员会认为，这是可以做到的。[①] 四天后，他赶到投票地点。

首相本人从来没有说他相信德国能够支付所有的战争费用。但在竞选中，到了他的支持者口中，这些计划就变成更为具体的措施了。普通选民则受到了引导，认为德国不管怎么说也能支付得起大部分的战争费用，即使不是全部支付的话。那些曾担心将来会得不到战争费用的民众（这种担心既有现实的因素，也有私心考虑），以及那些被战争的恐惧扰乱了情绪的民众，现在都可以得到慰藉了。把票投给联合政府的这位候选人，就意味着把基督者钉在十字架上，就意味着让德国来担负英国的国债。

① 战争费用总值被估算为 240 亿英镑以上。这就意味着，不算偿债基金，光利息每年就要支付 12 亿英镑。哪个专家委员会报告说德国能够拿出这么多钱？

事实证明，这是不可抗拒的联合，劳合·乔治先生的政治直觉再一次被证明并没有错。没有哪个竞选者敢如此宣布这样的纲领，是的，没人那么做。暮气沉沉的自由党根本不可能向选民提出可以和此纲领抗衡的纲领，自然会败下阵来。[1]议会下院即将产生，这个新的议会下院中的大多数议员做出的保证，比首相保证的承诺还要多。我到西敏寺不久，就问熟悉上一届议会下院情况的一位保守党朋友怎么看待新的议会下院议员，他说："他们个个面色凝重，好像是因为他们贡献甚多才结束了战争。"

首相正是在这种氛围中离开伦敦前往巴黎，正是他本人使自己深陷丛脞。他曾发誓，他本人和本届政府会向已身陷绝境的敌人提出赔偿要求，哪怕是与我们曾做出的庄严的承诺——敌人正是因为这些庄严的承诺才放下武器的——不一致也在所不惜。这在历史上都是很少见的，后人是不会宽恕我们的，因为战争的发动表面上是为了捍卫国际条约的神圣不可侵犯，最终却以公然违背胜利者一方所拟订的、体现了这些理想的最神圣的协议而终结的。[2]

整个大选，撇开其他方面不说，单就让德国支付战争的所有费用而言，即是后果最为严重的政治愚行，我们的政治家应对此负责。如果劳合·乔治先生或威尔逊先生能够意识到最重要的问题并非

① 但不幸的是，自由党还是不肯降下那高高飘扬的道德旗帜。由于种种原因，自由党的领导人对此保持缄默。如果自由党对整个选举中的欺诈、诡计和卑劣行径进行强烈抗议，那么即使败北，他们也可以就英国提出的索赔估算值提出异议。

② 我是在经历了最痛苦的思考之后才决定写下这些文字的。英国的重要政治家几乎没人提出抗议，这不能不使人觉得，应该是有人犯了错误。而我本人则相信，我知晓事实的一切，我不会犯此类错误。无论如何，关于相关协议的所有相关情况，我在本书第四章和本章的开头部分已详细阐述过，读者自可有自己的判断。

政治问题，亦非领土问题，而是财政问题和经济问题，能够意识到将来之危机并非边界危机或主权危机，而是源自粮食、煤炭、交通等方面的危机，也许我们还可以期盼将来有一个新的欧洲。在和会的自始至终，他们都没有对此予以足够的重视。当英国代表团就赔偿金问题喋喋不休时，对财政问题和经济问题的明智而理性的思考就不见了。首相给了选民以向德国索要巨额赔偿的希望，这样一来，首相只能鼓吹建立在不公正、不可行的经济基础之上的对德条约。不仅如此，他不但和威尔逊的立场有分歧，而且与法国和比利时的意见也不尽一致。从德国那里榨取的希望越是渺茫，就越是要诉诸爱国主义的贪婪和“神圣的自我中心主义”，越是要从法国稍微公正点因而数额稍大一点的索赔要求和比利时的理由较为充分的索赔要求中分一大杯羹。但问题是，贪婪解决不了目前欧洲紧迫的财政问题。要想解决这个问题，办法只能是拿出宽大为怀的精神。

是的，欧洲要想幸免于灾，急需美国躬身践行宽大为怀的精神。协约国正忙着争相抢夺德国财产，他们是不可能寻求美国的帮助，以建立一个包括德国在内的欧罗巴合众国的。如果 1918 年 11 月的大选是宽大为怀的明智的纲领而不是愚蠢者的贪婪路线胜出，那么欧洲的财政前景就会好得多。至今我仍认为，在和会的主体会议之前，或在会议刚开始时，英国代表应该与美国代表就作为整体的欧洲的经济形势和财政形势进行深入研究，英国代表应获得授权，就和会的方针提出如下具体建议：(1) 诸协约国之间的债务全部免除；(2) 德国应支付的赔偿总额控制在 20 亿英镑以内；(3) 对于德国要支付的赔偿总额，英国不参与分配，且英国应得的那部分赔偿金交由和会处置，以用于对新成立的国家实施财政援助之目的；(4) 为使一些信用基础能立即恢复，和约的缔约各国应为德国要支付的赔款总额提供一定比例的担保；(5) 应允许前敌国发行数量适中的债券，并提供类似的担保，以用于恢复经济。上述五点建议实际上也是向美国发出了呼吁，要求美国以宽大为怀。这是不可避免的，而且，美国的财政损失小得多，从这个角度说，这也可以说是为美国量身定做的一项呼吁。这样的建议本来是可行的，并非堂吉诃德式的空想，亦非乌托邦式的幻想。如果真提出这样的建议，那么，一个财政稳定、致力于战后重建的欧洲是可以期待的。

关于这些设想，我将在本书第七章详述，现在回到巴黎现场。前面提到，劳合·乔治先生已深陷丛脞。协约国其他国家的财政部长们的立场也好不到哪儿去。至少在英国，我们还没有把我们国家的财政事务建立在获得德国的赔偿金上面。从德国那里获得的赔偿金，只能说是一笔意外之财。不管最后的结果会怎样，当时英国的确希望能得到德国赔偿金，以此来平衡一下常规预算。但法国和意大利却不是这样想。他们所做的和平预算，没有平衡，哪怕是做个样子的平衡都没有，大概也不想去平衡，也没有对现有的政策进行大幅修正。这种状况差不多是没有希望的，目前也看不到希望。这些国家在走向破产。这个事实只能向公众隐瞒，只能寄希望于从敌国那里获得一大笔的赔款。如果承认德国实际上不可能支付法意两国的费用，承认将自己的债务转移到敌国是不可行的，那么，法意两国的财政部长们的位子就岌岌可危了。

于是，和会一开始就排除了对德国支付能力的科学估算。点燃民众对来自敌国的赔偿金的期望，这在政治上是不可少的，是当务之急。这个期望得到的赔偿数额与事实相去十万八千里，而完全罔顾事实又是政治上之必需，结果就是漫天要价。在如此不真实的基础上，是不可能形成建设性的、可行的财政政策。职是之故，体现了宽宏大量的财政政策才显得尤为必需。法国和意大利的财政立场实在是成问题，他们根本听不进关于德国赔偿金问题的任何讨论，除非这个时候有人给他们指出一条可摆脱目前困境的其他灵丹妙药。[①] 美国的代表也没有向饱受战乱、人心不稳的欧洲提出诸如此类的建设性建议，在我看来，他们也犯了一个重大错误。

需要指出的是，这其中还有一个更深层次的因素，即克里蒙梭先生的“打压”政策和克洛茨先生的财政需要之间的对立。克里蒙梭的目标是想尽一切办法削弱德国，摧毁德国，我想他对赔偿金问题多少有些不屑；他也不想看到德国恢复贸易活力。他无心去理解赔偿金问题的重要性，对于可怜的克洛茨先生所强调的财政窘境，他也懒得去想。在条约里加进那些巨额的赔偿要求的内容，固然可以取悦财政部长们，那么这倒也无妨；但不可妨碍迦太基式的和平的要件。克里蒙梭先生是在不现实的问题上奉行“现实的”政策；而克洛茨先生则是在非常现实问题上奉行作假的政策。二者结合的结果就是，条约成了彼此不相容的条款的合集，其中最重要的就是有关赔偿的提议根本就是不切实际的。

这里请恕我不能一一详述协约国内部各国之间数不胜数的龃龉和密谋。经过数月的讨价还价，在有关德国赔偿的条款最后终于成型时，这些龃龉和密谋才消歇了。有史以来，还没有哪次和谈像

① 就连未受政治家思路影响的普通法国人，竟然也是这样想的。或许你可以说服他们接受这样的说法，即当前所估算的可从德国那里获得的赔偿数额，简直是异想天开，但最终他们还是会回到原点：“但是德国必须支付，否则，法国怎么办？”

这次会谈那样如此扭曲走样，如此让人不快，如此让各方不满。我都怀疑，那些深度参与争论的人，日后回忆的时候，能否感到问心无愧。我只能就这个作为最终妥协结果的、已公之于世的条约的具体内容进行分析。

这一切的要点当然就是，如果德国的赔偿额是公正合理的话，条约应该怎样规定。劳合·乔治先生在大选中做出的保证即协约国有权向德国提出所有战争损失的赔偿要求（大意如此），但实际上这种保证从一开始就是站不住脚的；或者更公正地说，如能说服总统按照体现了停战议定书精神的一系列协议来确定德国应支付的赔偿金，那么就可以做到不为各种似是而非的主张所干扰，这是显然的。由于和约已为世人所知，接下来我们就逐段分析这个最终妥协结果。

和约第二百三十一条规定："协约及参战各国政府宣言德国及其各盟国使协约及参战各国政府及其国民因德国及其各盟国之侵略，以致酿成战争之后果，所受一切损失与损害，德国承认由德国及其各盟国负担责任。"这一条真是高明：总统对此的解读是，这是德国承认了发动战争的道德责任；首相则把它解释为德国承认了关于一切战争费用的财政责任。第二百三十二条紧接着规定："协约及参战各国政府承认，德国之财源现在不足完全赔偿所有事项损失与损害，又计及此种财源行将永远减少，其减少之故发生于本条约其他各规定。"总统可以自我安慰说，这不过是对确凿无疑的事实的一个陈述而已，承认德国没有能力支付索赔款并不意味着德国在法律上负有支付索赔款的责任。但首相对此完全可以指出：上述条款强调，德国在理论上应负有赔偿责任。该条还规定："协约国及参战各国政府要求德国应担任赔偿：凡协约国及参战各国之普通人民及其财产，在该协约国及参战国对德交战时期内，因德国陆上、海上及空中侵略所受之一切损害，以及附件一总括之一切损害。”[①]加着重号的文字系停战议定书里提出的条件，算是打消了总统的顾虑，但后面提到的“以及附件一总括之一切损害”就给首相以在附件一夹带私货的机会。

然而迄今为止，这一切只是个遣词造句的问题，是条款之起草艺术问题，这个问题并不伤害任何人，这个问题在当时比将来任何时候都似乎重要得多。至于其具体内容，我们必须参考第二百三十二条附件一。

附件一里的很多内容与停战条件极为一致，换句话说，这些内容无论如何都不会歪曲停战，引发争议。附件一规定了应由德国赔偿的十个方面的损害，其中第一项是凡因各种战争行为之直接结果所致平民本身受伤或死亡以及上述平民负责赡养之遗属所受之损害；第二项是敌国（指德国或其各盟国）所施加的残暴、侵害或虐待行为导致的平民所受之损害；第三项是德国或其各盟国施加的卫生上、工作力上或对于荣誉上有一切损害行为，受害之平民所受之损失；第八段是平民因被强迫劳动而无公正报酬所受之损害；第九段是由于交战造成的一切财产（“除陆海军建筑物及材料外”）损失；第十项是德国或其各同盟国以征收、罚款等方式对平民所造成的损害。这六点赔偿要求应该说是公正的，符合协约国的权利。

第四项规定的需赔偿的损害是“战俘因被各种虐待所受之损

① 该条第三段专门规定了对比利时战争费用的赔偿要求：“关于比利时之完全恢复，德国须遵照其已发之诺言。”

害”。这一要求严格说来是颇有疑问的，但根据海牙公约，这项要求也算是正当的，好在所涉及的赔偿数额并不大。

但附件一第五至第七项规定要赔偿的损害所涉及的问题就尤为重要了。这三项对以下情形提出了索赔要求：战争期间协约国政府对奉命动员人员之家属所发的津贴；协约国政府从现在起应支付的本国伤亡人员之抚恤金、补偿金等。接下来我们就会看到，这样一来大大增加了赔偿数额，几乎是其他所有增加的索赔总额的二倍。

从情感的角度而言，读者或许会觉得上述损害赔偿的内容看上去并非不合理。首先，需要指出的是，假如有两个妇女，一个房子毁于战火，另一个丈夫在战斗中牺牲，如果前者有权利提出赔偿要求而后者就没有权利提出赔偿要求；或者，在战争中失去农场的农场主有权提出赔偿要求，而丈夫失去谋生能力的妇女却无权提出赔偿要求，那么，从起码的公平的角度来说，就是极不公平的。实际上，把抚恤金和征属津贴纳入赔偿项目，在很大程度上是利用了对停战条件规定的标准的**随意解释**。战争所造成的损失，有的主要是由个人来承担，而有的则主要是要集体来均摊；但只要政府认为是理所当然的赔偿金，前者实际上很多是可以转化为后者的。如果所要求的赔偿款并非全部的战争费用而只是其中的一部分，那么最合乎逻辑的标准本应是看敌人的行为是否违背了国际通行的协议或普遍承认的战时行为。但就是这条最为合理的标准，却很难得到落实，而且真要用到这个标准，那么相比比利时（德国曾保证过比利时的中立地位）和英国（是德国非法的潜艇战的主要受害国），法国的利益就明显受损。

但上面提到的情感也好，公平也罢，总归是空洞的，因为国家

所要支付的征属津贴和抚恤金无论是来自赔偿款还是来自别的名目，对发放对象来说没有什么区别；政府从赔偿款中得到的收入，最多是减轻了普通纳税人的负担而已，他们不必再被征收作为战争费用的特别税。他们已经没有时间去考虑停战条件是否是明智审慎的，是否合乎逻辑，是否要修正；现在唯一的问题是，这些停战条件是否将索赔内容限于诸如附件一第一、二、三、八、九、十项规定的平民和财产的直接损害。如果文字表述不是一句空话，协议不是一纸空文，那么我们无权就作为国家战时支出的抚恤金和征属津贴提出赔偿要求，我们也不能对其他方面的一般战时费用提出索赔。更何况，谁还会去费力地论证我们何以有权对后者提出索赔要求？

最后的结果只能是以下两种情况的妥协折中：一是首相向英国选民做出的要求德国赔偿全部战争费用的保证，一是协约国在停战议定书里写明的对德国承诺。首相可以宣称，尽管他不能保证得到全部的战争费用的赔偿，但为了这个目标他已做出了重要的贡献；他可以宣称，他的承诺始终受限于德国的偿付能力；他可以宣称，现在的这个赔偿清单已远远超过一些冷静的权威人士所估算的德国的偿还能力。而总统也可以说是捍卫了他的方案，没有明显背叛自己的信念；还有就是，有的问题，总统和与会的其他国家的首脑在情感和信念方面都相左，弄不好就会出现当众公开争吵，而总统则成功地避免了可能出现的争吵。考虑到首相在选举时做出的保证，总统几乎不希望首相在未经公开的讨价还价的情况下就整个地放弃那些保证；况且，要求德国赔偿抚恤金可以说是所有协约国民众的一致呼声。首相再一次显示了他技高一筹的政治手腕。

如果细敲和约文字，就会发现了一个难点，那就是没有明确规定德国的偿还总额。这一点饱受批评，因为这样既对德国有所不便，对协约国也同样不便，因为德国不知道应得支付多少钱，而协约国同样不知道能够得到多少钱。出于慎重，和约的规定是，用数月时间对成千上万的个人所遭受的土地、农场建筑、家禽等损失的索赔数额进行汇总，以得到最终的赔偿数额，但这显然行不通；对收付双方来说较为可行的方法是，确定一个大致的总额即可，不必纠缠于细项。如果在和约里写上这个大致的总额，那么就可以在更为合理有效的基础上解决问题了。

但这种思路反而是不可能的，原因有二。两类错误的言论已在到处宣扬：一是德国的偿付能力问题，一是协约国对于受破坏的地域的合理索赔数额问题。要确定这两个数字，都会困难重重，骑虎难下。假设确定了德国的应偿付的数额，如果不能大大超过最为公正、最为博学的权威人士的估算值，必将远低于英法两国民众的普遍期望。另一方面，由于比利时和法国已提高了对战损赔偿的预期，又由于面临着不少挑战[①]，要让比利时和法国都满意的最终确定值实际上是无法确定的；而且还会招致德国方面的严厉批评——人们认为，德国人太狡猾了，已收集了他们罪行所涉及的范围的大量证据。

因此，对政治家来说，走到这一步，最保险的办法就是干脆不提具体数字，于是和约第八部“赔偿”里就规定了需要赔偿的各种情形。

不过，读者也许想知道我对附件一所列各项索赔的估算值。在本章第一节，我对除抚恤金和征属津贴外的其他方面的索赔值估算

① 挑战不仅来自德国等敌国，也来自其他协约国。由于敌国资源有限，其他协约国比敌国更不乐见那些夸张的索赔数字。

为30亿英镑（注意：这个数字是我取了上限的）。附件一所列的抚恤金和征属津贴的赔偿，并不是基于政府进行补偿时的实际成本，而是以条约生效时法国的标准为基础算出的数字。这种方法可避免在计算时将英美两国的个人赔偿标准设置得高于法国和意大利人的弊端。法国的抚恤金和征属津贴的发放标准低于英美两国，高于意大利、比利时和塞尔维亚。要想计算最终结果，所涉及的数字无非是法国的发放标准、各协约国被动员的男子数和伤亡人数等。诚然，要想得到准确的数字是不可能的，但如果知道诸如津贴的大致标准、征召的人数、伤亡人数等就足够了，据此所估算的结果不会相差太远。我对抚恤金和征属津贴的索赔额估算结果如下：

单位：亿英镑

英帝国	14
法国	24[①]
意大利	5
其他国家（包括美国）	7
总计	50

比起各国提出的索赔数字，这个总计数字还是比较接近真实值，我对此还是很自信的。[②] 读者会看到，不管怎样，如果把抚恤金和征属津贴加进去，索赔总额就大大增加了，几乎翻了一番。把此数字与其他项的估算值相加，我所估算的对德索赔总额为80亿英

① 克洛茨先生所估算的法国的赔偿要求是30亿英镑（合750亿法郎，其中130亿法郎是征属津贴，600亿法郎是抚恤金，20亿法郎是补助给士兵遗孀的）。如果这个数字不差，那么其他数字亦可照此比例提高。

② 也就是说，我认为这个数字的误差不会超过25%。

镑。[①] 我认为这个数字还是够高的了，实际的数字很有可能低于此值。[②] 在本章下一节，我将论述我的这个估算值与德国的偿付能力之间的关系。这里只想提醒读者注意的是条约的其他方面的一些细节：

（1）无论最终确定的赔偿总额是多少，1921 年 5 月 1 日之前德国必须支付 10 亿英镑。至于这点能否做到，下面将予以讨论。但条约同时实际上也有减免的内容。首先，该总值是包含了停战议定书生效后占领德国领土军队的费用的（根据条约第二百四十九条，德国须支付多达 2 亿英镑的占领军费用）。[③] 又，"食物及原料之供给，为协约国及参战各国政府所认为使德国能尽赔偿义务所必需，亦可得各该国政府之许可，即在该数内扣除，余作为清算赔款

① 在 1919 年 9 月 5 日法国议会的演讲中，克洛茨先生对协约国根据条约规定对德国提出的赔偿要求总额估算为 150 亿英镑，这个数字是包括了截至 1921 年的利息的，1921 年以后可分 34 年还清，每年还 10 亿英镑，其中每年应还给法国的为 5.5 亿英镑。对此的报道称："克洛茨的此番声明（指法国每年收到德国的赔偿款）所产生的影响是，整个国家为之一振，股票交易所和整个法国经济界立即充满了积极的论调。"只要此类声明为巴黎毫无疑义地接受，法国的财政前景和经济前景就越是暗淡，幻想破灭所带来的灾难已为时不远。

② 由于是主观判断，真实值有可能比我的估算值高 10%，其下限比我的估算值低 20%，即真实值会在 64 亿至 88 亿英镑。

③ 条约规定，在条约签订后，德国将被占领 15 年，其间德国应支付占领军的费用，这相当于又增加了一笔赔偿款。条约并没有对占领军的人数设置上限，因而法国通过将全部常备军驻扎于占领区从而将这笔本应由本国纳税人担负的占领军费用转嫁给德国纳税人，尽管此类政策实际上并不是由德国而是由法国的盟国来支付的，因为德国的赔款能力已达到极限，法国的盟国所得到的德国赔偿款只会进一步减少。但据美、英、法三国政府发布的白皮书（第 240 号诏书）称："一旦协约国及参战国相关国家认定德国已完成复员"，则德国每年所支付的占领军费用不得高于 1 200 万英镑。笔者所加的着重号的地方，希望读者能够重视。英法美三大国保留随时修改此项规定的权力，只要他们认为有必要。

之用”。[1]这个限制非常重要，可使得协约国的财政部长让选民相信他们会及早拿到为数不少的赔款，同时也给赔偿委员会以自由裁决权，可决定返还给德国经济运行所必需的资金，实际上这也是形势所迫。这个自由裁决权使得要求德国立即支付10亿英镑赔款的害处小些，但绝不意味着没有任何危害。首先，在本章下一节里，我的结论是，这一赔款额不可能在规定的时间内支付，即使是有相当多的资金实际上是返还给了德国，目的是使德国能够支付进口商品。其次，赔偿委员会要想有效地行使自由裁决权，只有在掌管了德国全部的对外贸易及外汇的情况下才可行，而这远远超出了该机构的能力。如果赔偿委员会真的要征收这10亿英镑并批准返还给德国一部分，那么中欧的贸易将会因这个最没有效率的官僚主义的管理而窒息。

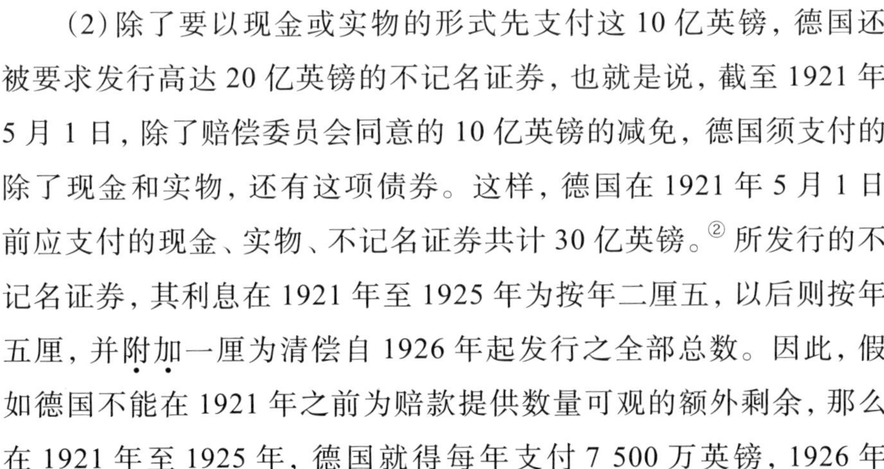

(2)除了要以现金或实物的形式先支付这10亿英镑，德国还被要求发行高达20亿英镑的不记名证券，也就是说，截至1921年5月1日，除了赔偿委员会同意的10亿英镑的减免，德国须支付的除了现金和实物，还有这项债券。这样，德国在1921年5月1日前应支付的现金、实物、不记名证券共计30亿英镑。[2]所发行的不记名证券，其利息在1921年至1925年为按年二厘五，以后则按年五厘，并附加一厘为清偿自1926年起发行之全部总数。因此，假如德国不能在1921年之前为赔款提供数量可观的额外剩余，那么在1921年至1925年，德国就得每年支付7 500万英镑，1926年

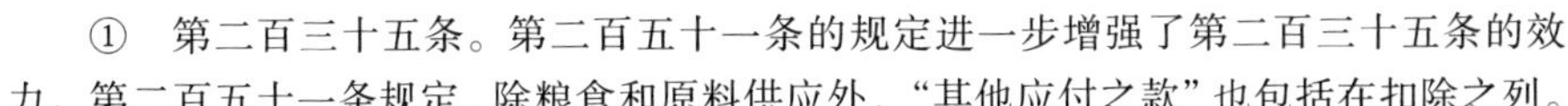

① 第二百三十五条。第二百五十一条的规定进一步增强了第二百三十五条的效力。第二百五十一条规定，除粮食和原料供应外，“其他应付之款”也包括在扣除之列。

② 附件二第十二节之三。条约用的货币单位是金马克。金马克与英镑的兑换比率是20∶1。

开始每年支付 1.8 亿英镑。[①]

(3)赔偿委员会一旦认定德国表现得更好，德国就可以再发行年息五厘的 20 亿英镑的不记名证券，至于摊销率则由赔偿委员会决定。即使上面所述的 20 亿英镑不计算在内，德国每年也要支付 2.8 亿英镑。

(4)但德国的债务绝不止这 50 亿英镑，赔偿委员会还将要求德国用不记名证券分期付款的方式来偿还附件一内所列各项赔偿金。根据我所估算的 80 亿英镑的应偿总额(这个数字很容易招致批评，说是大大低估了)，则还有 30 亿英镑。假定年息 5 厘，那么每年也要偿还 4.3 亿英镑(即使不考虑本金的偿还)。

(5)但事情还不止于此。还有一项极其重要的条款。被用于支付手段的超过 30 亿英镑的证券，只有在赔偿委员会认定德国能够偿付这些证券的利息时才被允许发行。但这并不意味着利息当时就完全支付了。自 1921 年 5 月 1 日起，凡是没有用现金、实物和上述债权形式支付的德国债务都要计息，“其利率除非由委员会将来在情势上酌定可以改变时则应为 5 厘”。[②] 换言之，债务总额无时不以复利的方式越滚越大。假如德国从一开始就无法支付巨额的赔偿总数，则这一条款无疑是雪上加霜。5 厘的复利，15 年后就

① 如果德国能在 1921 年前以现金或实物的形式支付 5 亿英镑(当然这是不可能的)，那么 1921 年至 1925 年每年支付 6 250 万英镑，1925 年以后每年支付 1.5 亿英镑即可。

② 条约第八部“赔偿”附件二第十六节。该节有个地方说得比较含糊，即赔偿委员会可征收“自 1918 年 11 月 11 日起至 1921 年 5 月 1 日止，物质损害赔偿各数”所负担之利息。此举看上去是将财产损失与人员损害区分开来，并倾向于前者。这并不会影响到抚恤金和征属津贴，因为这两项费用自条约生效之日起已经资本化了。

是本金的 2 倍。假设 1936 年之前德国每年最多支付 1.5 亿英镑(即 30 亿英镑，年息 5 厘)，那么没有支付利息的 50 亿英镑，到 1936 年就是 100 亿英镑，每年支付的利息达 5 亿英镑。也就是说，即使德国在 1936 年之前能够做到每年支付 1.5 亿英镑，到 1936 年，德国欠我们的将比现在多出一半还多(130 亿英镑与 80 亿英镑的对比)。从 1936 年开始，仅支付利息这一项，德国每年就要支出向我们支付 6.5 亿英镑。如果在任何一年德国支付的金额少于这个数，那就意味着年底所欠数额将比年初的还要多。在 1936 年起的 30 年内亦即从停战协议生效之日起的 48 年里，德国如能偿清所有本金，则须每年再支付 1.3 亿英镑，总计高达 7.8 亿英镑。[①]

照我看来，有一点是确定无疑的，那就是德国不大可能完成这个赔偿总额，原因我稍后再详述。只要条约不做修订，德国就得向协约国永久移交全部的剩余产出。

(6)赔偿委员会虽然被授予更改利息率、推迟甚至取消资本债务的自由裁量权，但这并不会使形势有所缓解。首先，这些自由裁量权的实施，必须在赔偿委员会或成员国政府意见一致时才有可能。[②]但更为重要的是，赔偿委员会的职责就是要每年从德国那里攫取德国所能拿得出的最大的支付总额，除非委员会或成员国政府

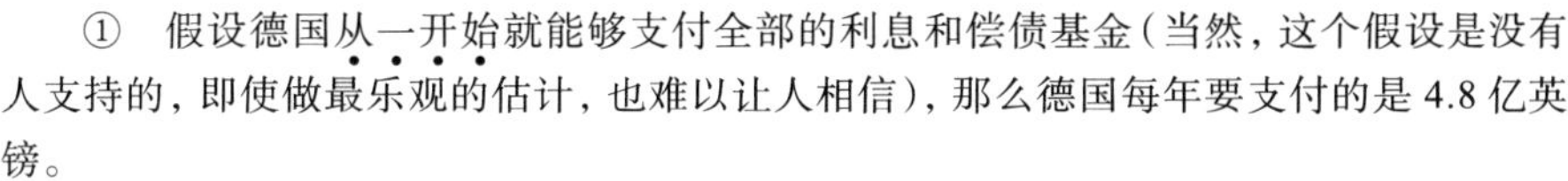

① 假设德国从一开始就能够支付全部的利息和偿债基金(当然，这个假设是没有人支持的，即使做最乐观的估计，也难以让人相信)，那么德国每年要支付的是 4.8 亿英镑。

② 附件二第十三节规定，下列两种情形亦适用于全体一致原则：(1) 自 1921 年 5 月 1 日至 1926 年终，其间分期交付之到期付款全部或一部，展至 1930 年年终以后偿付之延期事项；(2) 在 1926 年以后，任何分期交付之到期付款全部或一部展至三年以上之延期事项。此外，第二百三十四条规定，除非有代表出席该委员会之各国政府特别许可，赔偿委员会不得取消任何部分的应付款。

全体同意对条约内容进行重大修改。有两种方案：一种是设定一个明确的偿付总额，这个总额尽管数值很大但仍在德国的支付能力之内且还可以给德国留下一点；另一种是设定一个远超出德国偿付能力的数额，然后由一个外方的委员会运用自由裁量权来减免一部分，目的是保证每年都能最大限度地榨取德国。这两种方案差异甚大。前一种方案尚给德国的工厂留下了一丝生机和希望。后一种方案则是对德国的永久的伤筋动骨，无论操作起来怎样精巧审慎，无论怎样考虑不至于让德国毙命，这样的政策一旦实施，用不了多久就会被视为文明史上冷酷的胜利者最骇人听闻的行为之一。

条约还授予赔偿委员会其他重要的权力和职能。关于这一点，本章特辟专节详述。

三　德国的偿付能力

德国可用以清偿赔偿款的形式有三种：

(1) 可即时移交的财富，包括黄金、船只、国外有价证券；

(2) 被割让的领土上的资产以及停战议定书规定的需要交出的资产；

(3) 一定期限内每年需支付的款项，其中一部分是现金，一部分是煤炭、钾盐、染料等原料。

协约国曾经的被占领土上被敌国所劫掠的财产，如比利时和法国的有价证券、牲畜、机器、艺术品以及俄国的黄金，属于德国应当归还的，因此不列为德国应赔偿的款项之列。可以确认和归还的私人财产，必须返还给法律上的拥有者，不可列入一般的赔偿项中。

条约第二百三十八条对此做了明确的规定。

I　可即时交付的财富

(1) 黄金。除去应返还给俄国的黄金，1918 年 11 月 30 日德意志帝国银行（Reichsbank）报告称官方持有的黄金为 115 417 900 英镑，比战前的数额大得多[①]，这正是德国在战时通过强力动员将德国人民手中的金币和各种黄金首饰交予德意志帝国银行的结果。私人囤积的黄金不能说没有，但由于德国政府曾经的强力措施，现在无论是德国政府还是协约国，都不可能找到私人储藏的黄金。因此，德意志帝国银行所报告的数字可视为德国政府从德国人民中所能收集到的最高值。除了黄金，德意志帝国银行还存有总值约 100 万英镑的白银。但是，流通中的白银数量必定更多，因为截至 1917 年 12 月 31 日德意志帝国银行所持有的白银高达 9 100 万英镑，到 1918 年 10 月下半月，即使人们开始用各种通货去挤兑白银的时候，帝国银行所持有的白银仍有 600 万英镑。[②] 因此，可以说，停战时德国的黄金和白银总值估计为 1.25 亿英镑。

但是，这些金属货币储备很难保住了。从停战到和约签订的这段为时不短的日子里，对协约国来说，应想方设法向德国出口急需的粮食等，这是很有必要的。当时德国的政治形势和斯巴达克同盟的严重威胁使得协约国即使为了自身的利益也要尽快援助德国，如

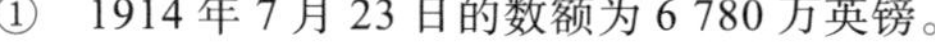

① 1914 年 7 月 23 日的数额为 6 780 万英镑。

② 由于马克的贬值而白银升值，德国银币的溢价很高，因此从德国民众的口袋里榨取如此多的银币绝无可能。但由于私人投机商，这些银币可逐渐溢出德国，这样一来反而间接地使德国的整体外汇地位受益。

果协约国仍想与稳定的德国政府打交道的话。但德国如何支付这笔粮食救急，却成了最为棘手的难题。德国与协约国代表在特里尔（Trèves）、斯巴（Spa）、布鲁塞尔、维莱特堡（Château Villette）、凡尔赛等地举行了一系列会谈，目的是找到一种对未来德国的赔偿能力损害最小的支付方式。德国代表从一开始就坚称：当时德国的财政已是揭不开锅，唯一的权宜之计就是从协约国那里得到临时贷款。当时的协约国正要要求德国立即支付数额巨大的赔偿款，不会认可德国代表的说法。但除此之外，只要德国人的黄金未动、所持有的外国有价证券还没有出售，德国的说法就不能说是无懈可击的了。无论如何，1919 年春协约国和美国的舆论是绝不允许向德国提供大量贷款。另一方面，协约国自然也不愿意因向德国供给粮食而耗尽德国那可用来赔偿的为数不多的黄金。尽管双方花了很多时间讨论各种替代方案，但最终发现，德国出口的商品和可售的外国有价证券数额再大，也不可能立时变现，德国的财政已是山穷水尽，除了德意志帝国银行里的黄金，再也没有其他可用的大宗款项了。于是在 1919 年上半年，德国只好将德意志帝国银行里总值超过 5 000 万英镑的黄金交给协约国（主要是流入美国，不过英国也接收了一笔数额不小的款项），以支付粮食供应的款项。

但事情还不止于此。尽管在第一次延长停战期里，德国同意非经协约国允许不得输出黄金，但问题是不可能永远不准许。德意志帝国银行还欠着德国的中立邻国的债务，只能用黄金来还债。如德国不能还上这些债务，就会导致德国马克的贬值，极大地损害德国的信用，从而也影响到将来德国支付赔偿款。所以，协约国最高经济委员会有些时候还得为德意志帝国银行的黄金输出放行。

结果就是，在各项措施的作用下，到 1919 年 9 月，德意志帝国银行的黄金储备减少了一半多，从 1.15 亿英镑降至 5 500 万英镑。

根据条约规定，仅剩的 5 500 万英镑的黄金也仍有可能全部用于支付赔偿款。这些黄金储备还不到德意志帝国银行所发行的纸币的 4%。此举相当于全部没收，给人的心理震荡之结果是可以预见的，那就是彻底冲击了马克的汇价（因为德国之外仍有为数不少的马克纸钞）。可用于某种特定目的的黄金可达 500 万英镑、1 000 万英镑甚至 5 000 万英镑之多。但我们仍假定赔偿委员会也认为让德国的货币体系彻底崩溃并非明智之举（因为考虑到这样会影响到德国将来的偿付前景），此外，由于法国和比利时两国政府持有大量马克纸钞（当年的德占区和如今被割让出去的原德国领土上流通的马克纸钞），因此两国政府也感到维持马克的适当汇价甚有必要。

所以，到 1921 年德国应首批支付的 10 亿英镑的赔偿款里，是不可能用黄金或白银来支付的了。

（2）商船。前面提到，德国已着手将自己的全部商船移交给协约国。在和约签订前，协约国通过直接扣留在港口和根据《布鲁塞尔协议》（*Brussels Agreement*）临时移交以用于运粮的方式，实际上已接收了大部分的德国商船。[①] 根据条约规定，德国须交出的商

① 在停战期间，协约国已向德国供应粮食了，条件是把德国的大部分商船临时移交给协约国，以用于向欧洲尤其是德国运送粮食。但由于德国不愿意照此办理，结果大大延误了德国的粮食供应。虽然特里夫斯和斯巴的会谈（时间是 1919 年 1 月 16 日、2 月 14—16 日、3 月 4—5 日）无果而终，但最终还是在 1919 年 3 月 14 日达成了《布鲁塞尔协议》。德国之所以迟迟不肯达成协约，主要是因为协约国方面未能给予充分的保证，即如果交出了商船，德国能否得到粮食？我们假定协约国是可信的（根据停战议定书的某些条款，协约国的行为并非没有瑕疵，不能不使德国心生疑虑），那么协约国提出的这项要求就不能说没有道理；因为没有德国的船只，要运送粮食几乎是不可能的，

船的吨位数据估计在400万毛吨左右，按平均每吨30英镑计，总值为1.2亿英镑。[①]

(3)外国有价证券。在1916年9月德国政府对外国的有价证券进行普查之前(准确的普查结果尚未公布)[②]，在德国尚未见官方发布的关于此类投资的收益报告，各种非官方的估计又都是建立在极为有限的数据(如德国证券交易所收取的外国有价证券的交易费用、印花税、领事的报告等)的基础上的。关于战前德国的外国有价证券的估算结果，脚注列出了几个重要的人物的估算值。[③] 德国的权威人士的一致看法是，德国的对外净投资额应当在12.5亿英

已交出的德国商船实际上已在全力以赴地向运送粮食。截至1919年6月30日，根据《布鲁塞尔协议》，德国已向协约国移交了176艘共1 025 388毛吨的商船。

① 实际移交的吨位数可能更大，单位费用可能更低。但总值不可能低于1亿英镑，也不可能高于1.5亿英镑。

② 这一普查是根据1918年8月23日的一项法令而开展的。1917年3月22日，德国政府完全控制了德国人所拥有的外国有价证券的使用，1917年5月，德国政府即征调了瑞典、丹麦、瑞士的某些证券。

③

时间及估算者	估算值(单位：亿英镑)
1892年，施莫勒(Schmoller)	5
1892年，克里斯蒂昂(Christians)	6.5
1893—1894年，科克(Koch)	6
1905年，哈利(Halle)	8 [A]
1913年，赫尔费里希(Helfferich)	10 [B]
1914年，巴洛德(Ballod)	12.5
1914年，皮斯托里厄斯(Pistorius)	12.5
1919年，汉斯·戴维(Hans David)	10.5 [C]

说明：[A]有价证券外的外资还要再加上5亿英镑。

[B]此系净投资值，即减去了德国境内的外国财产。

[C]此项估计数字系1919年6月13日的《世界经济报》(*Welttwirtschaftszeitung*)对战争爆发时德国的外国投资的估算结果。

镑以上。而据我的估算，这个数字显然是夸大了的，我认为，10 亿英镑可能是一个比较靠谱的数值。

以下四项须从这个总值中减去。

①德国在协约国和美国的投资。就世界范围而言，此类投资数额甚大，现已为公共信托委员会、敌对国资产管理局等官方机构没收，因此只有在支付了个人索赔后的剩余才有可能支付各国的赔款。根据第四章提到的处置敌国债务的办法，这些资产首先要用于偿还协约国国民个人向德国国民提出的索赔。因此，除了在美国，德国在其他国家的投资如用于其他方面的赔偿，则基本上所剩无几。

②和英国不同的是，战前德国最重要的投资地区并不是和我们一样的海外，而是俄国、奥匈帝国、土耳其、罗马尼亚、保加利亚。德国在上述国家——特别是俄国和奥匈帝国——的投资现在看几乎没有什么价值，至少目前看是这样。以当前的市场价为准，这些投资不可能以高于票面值的价格转售。除非协约国以远高于票面值的价格接管这些有价证券并在将来出售，否则德国在这些国家的投资是不可能成为可立即支付的资金来源的。

③尽管德国在战时不可能像英国一样将对外投资变现，但它在某些国家、在其力所能及的范围内已经这样做了。在美国参战前，人们就普遍认为德国已将其对美国有价证券的投资的大部分已转卖出去，尽管流行的估算数字（如有人估计为 6 000 万英镑）有些夸大。在整个战争期间，特别是在战争的后期，其时德国的外汇交易极少，其在中立邻国的信用变得很低，但德国还是处理掉一批荷兰、瑞士、斯堪的纳维亚诸国愿意购买或将其作为担保品的这类有价证券。因

此，可以确定无疑的是，截至 1919 年 6 月，德国在这些国家的投资已经大为减少，小到可以忽略不计，远远小于德国在这些国家的债务额。德国还出售了一些可以卖出的海外证券，如阿根廷的证券。

④停战以来，德国私人持有的外国证券肯定大量流到国外。这是不可避免的。德国的对外投资通常是以不记名证券的方式进行的，而且也不做登记。因此，这些证券很容易被偷运到国外，在和约达成之前的几个月里，如果协约国政府能够找到扣留这些证券的途径，肯定会设法让持有人交出证券。上述诸多因素使得协约国政府和德国政府会想方设法积极干预，防止外流，但结果多是徒劳无功。

考虑到上述诸多因素，如果德国还有可用于赔偿的大量款项的话，那简直就是奇迹。协约国及美国、德国的同盟国、德国的中立邻国，彼此之间已差不多耗尽了整个文明世界；而我们也看到，不可能指望德国在上述这些国家的投资用来作为赔偿款。除了南美洲，德国在其他国家也没有什么重要的投资了。

关于要减去的上述四种类型的数据的估算，其中就不可避免地有许多猜测的因素。我的估算数字是在已有的数字及相关数据的基础上得出的，这里不妨告知读者。

第①类应减去的数字为 3 亿英镑，当然，在偿还了私人债务等之后，协约国或许有机会得到 1 亿英镑。

至于第②类，根据 1912 年 12 月 31 日奥地利财政大臣的调查报告，德国所持有的奥匈帝国的有价证券的面值为 1.973 亿英镑。据估计，战前德国在俄国的非官方投资约为 9 500 万英镑，这个数字远低于人们普遍的预期值，1906 年，萨托里乌斯 · 冯 · 瓦尔特斯豪森（Sartorius v. Waltershausen）估计，德国在俄国政府的有价证券投资额为1.5亿英镑。二者合计为2.45亿英镑。这一数值在某种程度上被伊斯查尼安(Ischchanian)博士1911年给出的经审慎计算、既不高估也不低估的2亿英镑的估算值所证实。据罗马尼亚参战时公布的估计数字，德国在罗马尼亚的投资额为400万至440万英镑，其中280万至320万英镑为政府债券。据1919年9月8日《时代报》(*Temps*)称，一家负责保护法国在土耳其利益的协会估计，德国投资于土耳其的资本有5 900万英镑左右，据外国债券持有人委员会报告称，这其中德国国民私人持有的土耳其外债就达3 250万英镑。德国在保加利亚的投资的估算数字尚不得而知。将以上数字加总，我将第②类应减掉的数字斗胆估算为5亿英镑。

关于第③种情形下战时德国的证券转卖和作为担保品进行抵押的总额，我的估算值在1亿至1.5亿英镑，其中包括德国所拥有的斯堪的纳维亚、丹麦、瑞士的证券，还有一部分是南美洲的，而德国所拥有的北美的证券在美国参战前大部分已转卖出去了。

至于第④种情形，具体数字阙如。在过去的几个月里，对于应采取何种应急办法，欧洲的报纸充斥着各种耸人听闻的说法。但如果我们把已流出德国或被妥善藏在德国、找都找不到的证券估算为1亿英镑，大概不算高估。

将上述种种应扣除的款项加起来，大约有10亿英镑，这样，理论上可用于支付赔款有2.5亿英镑。①

有读者可能会认为这个数字不高，但须知，这可是德国政府在公共支出方面所剩无几的可动用的**可售**证券。我认为，这个数字还

① 对于阿尔萨斯-洛林地区以及其他现在已不属于德国领土的居民所持有的有价证券，这里还没有减去。

是太高了，如果换个角度看问题，就会得出一个比较低的数值。由于德国在协约国的证券以及在奥地利、俄国等国的投资已被扣押，德国怎么可能还会有多达 2.5 亿英镑的由多个国家和公司发行的有价证券？这个问题我是不得而知的。德国还有一些没有被扣押的证券，其中包括一些中国政府的有价证券，也许还有日本政府的一些证券以及一些较有价值的南美洲的证券。但此类优质的公司，为德国控制的寥寥无几，资产规模也就一两千万，不可能达到 5 000 万至数亿英镑。在我看来，大概没有人会鲁莽到集起 1 亿英镑的现金将尚未被扣押的、所剩不多的德国海外投资买来。如果赔偿委员会真的想得到这笔为数不多的款项，那么在未来的几年里，他们也得小心看护好他们所接管的这笔资产，而不是像现在这样随心所欲地处置。

德国所拥有的外国证券总值应在 1 亿至 2.5 亿英镑。

因此，德国可立即交付的财富包括以下三部分：

1. 黄金和白银，6 000 万英镑；

2. 商船，1.2 亿英镑；

3. 外国证券，1 亿至 2.5 亿英镑。

如果真的把这些黄金白银提出来，那将破坏德国的货币体系，亦将伤及协约国的利益。因此，所有这些可移交的财富，赔偿委员会有望在 1921 年 5 月得到的也只能是 2.5 亿至 3.5 亿英镑之间。[①]

① 在所有的估算值中，我始终都在警惕，避免夸大与条约相悖之处，避免给出一个连我本人都不相信的数字。对德国资源的不切实际的估计写进条约是一回事，以现金形式实际从德国得到的赔偿数额是另一回事，二者差距甚大。我认为，到 1921 年 5 月，赔偿委员会从上述款项中实际获得的赔款还没有以上两个数值中较小的那个多。

II 被割让领土的财富和停战期间要交出的财富

一俟条约签订，德国就不可能用被割让领土里的财产的大量结余来支付赔偿款。

被割让领土里的私人财产要用于偿付德国所欠协约国国民的私人债务，如有剩余，才可用来支付赔偿款。波兰和其他新成立的国家里的此类财产直接物归原主。

在阿尔萨斯-洛林、在割让给比利时的领土以及移交给托管委员会的德国前殖民地里的德国政府财产要被无偿没收，前波兰王国的房舍、森林以及其他方面的国家财产也要无偿地交付协约国。除了移交给波兰的德国政府财产，石勒苏益格（Schleswig）地区的财产要移交给丹麦[①]，除此之外，萨尔煤矿及条约第十二部“港口、水道及铁路”所规定的某些河船等也得移交，条约第八部“赔偿”附件七所规定的德国的海底电缆也要移交。

无论条约是怎样规定的，赔偿委员会都不能指望从波兰收到任何现金支付。我认为，萨尔煤矿的估值在 1 500 万至 2 000 万英镑。将上述诸项相加（不包括私人财产之可用结余），总数约为 3 000 万英镑，这应该是一个比较可靠的估算值。

还有依停战议定书所规定的已交付之物资问题。条约第

① 就丹麦所要接收的石勒苏益格地区而言，丹麦政府到底应向赔偿委员会承担多少债务，条约（第一百一十四条）并没有对此做出明确的规定。例如，丹麦政府可以用该地区居民持有的马克的价值为标准来处置他们的债务。不管怎么说，这笔费用都不会很大。丹麦政府正筹集一笔 660 万英镑（1.2 亿克朗）的贷款，目的包括“接过石勒苏益格地区所分担的德国的债务，购买德国的公共财产，帮助石勒苏益格的居民应对货币问题”。

二百五十条规定，对于依停战协定已交付之铁路车辆及其他已交付的物资，“因其无军事上之性质”，应算归德国政府账内，其价值均由赔偿委员会估计。这些物资中，最值钱的就是铁路车辆（包括15万节车厢，5 000辆机车）。根据停战协议所交付之物资总值，可靠的估计值是5 000万英镑。

对于前述诸项的估算数字2.5亿至3.5亿英镑之外，还应再加上8 000万英镑。与前述诸项不同的是，这笔8 000万英镑并非可改善协约国财政形势的现金，只是协约国之间或协约国与德国之间的账面上的贷项。

加上这8 000万英镑，现在总值为3.3亿至4.3亿英镑，但这些并不能用于赔偿。根据条约第二百五十一条，首先要支付的是在停战及条约实行后各占领军之费用。1921年5月1日之前的总军费在每月扣除的军费没有确定之前是无法计算的，我们只知道1919年初为每月的驻军费用超过2 000万英镑，最终减至100万英镑的正常值。我估计这笔总费用在2亿英镑左右。这样，可用的金额就在1亿至2亿英镑之间。

从以上诸项以及德国出口的商品、截至1921年5月1日前的实物赔付（这部分金额我还没有计入）中，协约国有可能允许德国收回部分款项用于购买必需的粮食和原料。至于德国要从国外购买的、用于恢复自身经济的必需品的货币价值，以及协约国能在多大程度上行使自由裁量权以显示其宽大为怀，目前尚不能做出准确的判断。如果到1921年5月德国的食物和原料储备可恢复至正常水平，那么除了目前的出口能力，德国至少还需要1亿至2亿英镑的国外购买力。但协约国是不可能允许德国这么做的，我敢打赌，基于德国的经济和社会形势，从现在起到1921年5月1日前的这段时间内德国不可能有出超，这是没有疑问的；德国以煤炭、颜料、木材等原材料形式向协约国支付的实物赔付之值，恐怕还得返给德国，使德国能够维持支付自身生存所必需的进口商品。[①]

职是之故，赔偿委员会不可能从其他财源获取更多的赔偿金了，可用的只有1亿至2亿英镑，这个数字还是建立在以下的假设之上得出的：德国将可立即移交的财富全部移交、德国根据和约所得到的信用并扣除了驻军费用。在条约规定之外，比利时已与法国、美国和英国私下里达成了协议，三国允诺比利时可获得首笔1亿英镑的赔偿款，这正是比利时多提出的赔偿要求；而整个事情的最终结果就是，比利时很可能在1921年5月1日前就真的得到1亿英镑，但协约国的其他成员国就别想得到他们的索赔额。不管怎么说，如果财政部长们把他们的索赔计划建立在其他的假设基础上，均非审慎之举。

III　按定分摊的支付额

由于失去了殖民地、海外的经济往来、商船、外国资产，十分之一的领土和人口、三分之一的煤炭、四分之三的铁矿被割让出去，二百万青壮年死伤，四年里德国民众忍饥挨饿，巨额的战债，货币贬值至战前的七分之一不到，德国的盟国已四分五裂，德国国内革命四起，边境地区布尔什维克运动兴起，持续四年之久的、吞噬一切的战争和最终战败的结果使德国实力大损、希望破灭，所有这一

① 我的判断是，在此期间德国不可能做到进出口相抵，正文的提法只是更进了一步。文中的表述已足以表达我的观点了。

切，使得德国不可能像战前那样每年向外国支付“贡金”，这是显而易见的。

上述事实再明显不过了。但很多人在估算德国要支付的巨额赔偿金时，却把赔偿金的数额建立在如下假设的基础上，即德国未来的贸易将比过去更为兴盛。

为了达到和约所要求的赔款数额，那么不管是用现金（或者干脆说是外汇）支付还是像条约规定的部分地用实物（煤炭、染料、木材等）支付，都不重要。无论如何，只有出口某些特定商品，德国才能支付赔款。至于如何将出口品变为赔偿款，那就是细节问题了。

如果仅靠假设，我们就会自我迷失，除非回到最初的原则，拿统计数据说话。在接下来的几年里，德国只有减少进口、增加出口从而扩大贸易顺差，才有可能支付每年的赔偿款。在相当长的时间里，德国只能用商品来赔付赔偿款，不管这些商品是直接运到协约国还是先卖给中立国然后把所得交给协约国。要想准确估计此类贸易的发展程度，只能基于战前德国的贸易收益数据。只有建立在对战前贸易的分析的基础上，再加上德国总财富生产能力的宏观数据，才能对德国的最大贸易出超做出合理的推测。

1913 年德国的进口额为 5.38 亿英镑，出口额为 5.05 亿英镑，这其中不包括中转贸易和金银块买卖。也就是说，入超 3 300 万英镑。但在 1913 年前的 5 年里，德国的入超大大增加，平均每年达 7 400 万英镑。不仅德国战前用于新的对外投资的全部资金，而且还有其他方面的资金，都是来自德国所持有外国有价证券的收益以及来自航运、国外的银行业务的利润等。现在，德国的海外资产和商船都要交付出去，在国外的银行业务及其他方面的重要财政收入来源都遭到摧毁，根据战前的进出口结构，德国显然不可能有可用于支付赔偿款的贸易结余，甚至现在自身都无法自给自足。因此德国的首要任务就是调整消费和生产，以消除贸易赤字。此外，德国如能减少进口商品并鼓励出口，才有可能获得用于赔付的款项。

下列两个表列出了德国进出口贸易的细目，这里仅列出重要的三分之二的细项，其余三分之一的商品种类并不重要，兹从略。

1913 年德国出口的商品	数量（万英镑）	占出口总额的比例（%）
铁制品（包括白铁皮等）	6 613	13.2
机器及零部件（包括汽车）	3 755	7.5
煤、焦炭、煤球	3 534	7.0
毛制品（包括原毛和精梳羊毛、羊毛服装）	2 940	5.9
棉制品（包括原棉、棉纱、棉线）	2 815	5.6
以上小计	19 657	39.2
谷物等（包括燕麦、黑麦、小麦、啤酒花）	2 118	4.1
皮革及皮革制品	1 547	3.0
糖	1 320	2.6
纸类品	1 310	2.6
毛皮	1 175	2.2
电气（设备、机器、灯、电缆）	1 088	2.2
丝织品	1 010	2.0
染料	976	1.9
铜制品	650	1.3
玩具	515	1.0

续表

1913 年德国出口的商品	数量(万英镑)	占出口总额的比例(%)
橡胶及橡胶制品	427	0.9
图书、地图、音乐类产品	371	0.8
钾盐	318	0.6
玻璃	314	0.6
氯化钾	291	0.6
钢琴、风琴及零部件	277	0.6
天然锌	274	0.5
瓷器	253	0.5
以上小计	14 234	28.0
以上总计	33 891	67.2
其他	16 592	32.8
总计	50 483	100.0

1913 年德国进口的商品	数量(万英镑)	占出口总额的比例(%)
Ⅰ. 原材料		
棉花	3 035	5.6
生皮	2 486	4.6
羊毛	2 367	4.4
铜	1 675	3.1
煤	1 366	2.5
木材	1 160	2.2
铁矿石	1 135	2.1
毛皮	935	1.7
亚麻及亚麻籽	933	1.7

续表

1913 年德国进口的商品	数量(万英镑)	占出口总额的比例(%)
硝石	855	1.6
丝	790	1.5
橡胶	730	1.4
黄麻纤维	470	0.9
石油	349	0.7
锡	291	0.5
磷粉	232	0.4
润滑油	229	0.4
以上原材料小计	19 038	35.3
Ⅱ.食品、烟草等		
粮食类(小麦、大麦、麸皮、大米、玉米、燕麦、黑麦、苜蓿)	6 551	12.2
含油种子、油渣饼等(包括棕榈果、干椰子肉、可可豆)	2 053	3.8
牛脂、羊脂、膀胱	1 462	2.8
咖啡	1 095	2.0
蛋类	970	1.8
烟草	670	1.2
黄油	593	1.1
马	581	1.1
水果	365	0.7
鱼类	299	0.6
禽肉	280	0.5
酒类	267	0.5
以上食品、烟草等小计	15 186	28.3

续表

1913 年德国进口的商品	数量(万英镑)	占出口总额的比例(%)
Ⅲ. 制造业产品		
棉纱、棉线和棉织品	941	1.8
毛线和羊毛制品	757	1.4
机器	402	0.7
以上制成品小计	2 100	3.9
Ⅳ. 其他	17 528	32.5
总计	53 852	100.0

从以上表格可以看出，德国最重要的出口商品有：

① 包括白铁皮在内的铁制品(占 13.2%)；

② 机器类产品(占 7.5%)；

③ 煤、焦炭、煤球(占 7%)；

④ 包括原毛和精梳羊毛在内的毛制品(占 5.9%)；

⑤ 包括原棉、棉纱、棉线在内的棉制品(占 5.6%)。

这五类产品占到了总出口额的 39.2%。可以看出，这些都是战前德国和英国之间存在激烈竞争关系的商品。因此，如出口到海外或欧洲的此类商品数量大为增加，则对英国的出口贸易必将带来极大的影响。就其中的棉、毛织品而言，要想增加这两类商品出口，就必须增加对原材料的进口，因为德国本身既不产棉花，更不产羊毛。所以，这两类商品的贸易不可能增加，除非德国能够顺利获得超过战前耗费标准的原材料(这样必以牺牲协约国为代价)。且即便如此，德国的净出口值的有效增加，也并不是出口总值的增加，而是而出口的制成品与进口的原材料之间的价值差额的拉大。至于其他三类商品，即机器类产品、铁制品、煤炭，因波兰、上西里西亚、阿尔萨斯-洛林的割让，德国要想增加此三类产品的出口，已是大受影响。前面已指出，被割让出去的这些领土的煤产量差不多占了德国的三分之一。不仅如此，这些地区的钢铁产量占到了德国的四分之三弱，高炉占到了38%，铸造厂占到了9.5%。因此，除非阿尔萨斯-洛林以及上西里西亚完全把铁矿石卖给德国，从而使得德国增加对此类商品的进口，否则德国不可能增加此类产品的出口贸易量，因此此类产品的出口下降是不可避免的。①

上述五类产品之外，接下来就是粮食、皮革、糖、纸、毛皮、电气、丝织品、染料。粮食不能全部用于出口，同类商品的进口量远大于出口。战前德国的糖有约90%是出口到了英国。②只有英国优先进口德国的糖或者允许德国用糖抵一部分赔偿款（就像前面提到的用煤炭、染料等抵赔偿款一样），才有可能增加德国的糖的贸易量。纸的出口量是有可能增加的。皮革、毛皮、丝织品的出口量取决于进口量。在丝织品出口方面，德国同法国及意大利是存在竞争关系的。剩下的其他出口商品占比都很小。我曾听说有人建议德国可用钾盐等来偿付赔偿款。但战前德国的钾盐出口仅为300多万英镑，占总出口量的0.6%。而且由于法国也要确保收回的领土上的钾盐矿的开采，因此并不欢迎德国增加钾盐的出口。

就德国的进口情况而言，63.6%的进口商品为原料和食品。如

① 据估算，除了失去了上西里西亚，割让给法国的领土还导致德国钢锭的年产量从战前的2 000万吨降至1 400万吨，而法国的年产量则从500万吨增至1 100万吨。

② 1913年德国的糖出口量达1 110 073吨，合13 094 300英镑，其中出口到英国就有838 583吨9 050 800英镑。而1913年之前的五年里平均每年的出口只有1 000万英镑。

果出口贸易格局不发生变化，那么原料（包括棉花、羊毛、铜、兽皮、铁矿石、毛皮、丝、橡胶、锡）的进口就不可能大幅减少；如果出口量增加，那么这些原料的进口也会相应增加。食品（包括小麦、大麦、咖啡、蛋类、米、玉米等）的进口情形则与此不同。除了一部分奢侈品外，战前德国劳工阶级的食品消费量不可能高于最高生产效能所需的量，更有可能是低于这个数值。因此，如大幅减少食品的进口，则产业工人的劳动效能将大受影响，也就无法生产出更多的供出口的产品。如果德国工人吃不饱饭，要持续地大幅提升德国工业的生产率几乎是不可能的。但大麦、咖啡、蛋、烟草的情况稍有不同。如果将来能保证德国无人喝啤酒、咖啡，也没人抽烟，倒也可以节省一大笔费用，否则不要指望这几项的进口量会大幅减少。

下表是从德国商品的出口地和进口地来看德国的进出口贸易情况。从表中可以看出，1913 年德国的商品中，出口到英帝国的占 18%，出口到法国、意大利、比利时的占 17%，出口到俄国和罗马尼亚的占 10%，出口到美国的占 7%，也就是说，一半以上的德国商品出口到了欧洲。出口到奥匈帝国、土耳其、保加利亚等德国盟国的占到了 12%，出口到其他地区的占 35%。这样，除非协约国鼓励进口德国的商品，否则德国出口总量的大幅增加只能靠中立国的大量买入才有可能。

以上分析暗示了和约生效后德国出口盈余的最大变化量。由于(1)在诸如棉花、羊毛等原料（世界范围内的棉花、羊毛的供给是有限的）的供给方面，我们只能优先考虑自己而不是德国；(2)法国拥有了铁矿，因而还想拥有高炉和钢铁贸易；(3)在海外市场，协约国不允许德国有削弱协约国铁和其他商品的贸易的行为；(4)英帝

1913 年德国的进出口贸易状况

	德国商品出口地的贸易情况		德国进口的贸易数量与比例	
国家	数额(万英镑)	比例(%)	数额(万英镑)	比例(%)
英国	7 191	14.2	4 380	8.1
印度	753	1.5	2 704	5.0
埃及	217	0.4	592	1.1
加拿大	302	0.6	320	0.6
澳大利亚	442	0.9	1 480	2.8
南非	234	0.5	348	0.6
英帝国总计	9 139	18.1	9 824	18.2
法国	3 949	7.8	2 921	5.4
比利时	2 755	5.5	1 723	3.2
意大利	1 967	3.9	1 588	3.0
美国	3 566	7.1	8 556	15.9
俄国	4 400	8.7	7 123	13.2
罗马尼亚	700	1.4	399	0.7
奥匈帝国	5 524	10.9	4 136	7.7
土耳其	492	1.0	368	0.7
保加利亚	151	0.3	40	—
其他国家	17 804	35.3	17 174	32.0
总计	50 447	100.0	53 852	100.0

国不会特别优先考虑德国的进口品；基于上述四点假设，再检视一下出口各项，显然，要增加德国的出口盈余，是不大可能的。

我们再看一下其中所涉及到的几项主要产品的情况。(1)铁类产品。由于德国失去了铁矿，铁类产品要增加净出口已无可能，相反，倒有可能大幅下降。(2)机器。此类产品出口的增加是有可能的。(3)煤炭。战前德国煤炭的净出口额为2 200万英镑，协约国认为，德国目前最多可出口2 000万吨的煤炭，将来也不可能增至4 000万吨，即使这2 000万吨的最大值，若按战前的价格衡量，其价值实际上也未增加[①]，而且即使真的出口了2 000万吨，那些生产时需要用到煤的制造类产品的出口额也将大幅下降。(4)羊毛制品。如果没有生羊毛，要想增加羊毛制品的出口是不可能的。再考虑到其他领域对生羊毛的需求，德国羊毛制品出口反而有可能减少。(5)棉制品，同(4)。(6)粮食。永远也不可能有净出口。(7)皮革制品，同(4)。

以上出口品的出口总额已占到了战前德国总出口额的差不多一半，其余商品没有一类占到出口总额的3%。德国还能拿什么商品来支付呢！拿染料吗？1913年德国的出口总值还不到1 000万英镑。玩具，抑或钾盐？1913年钾盐的总出口额也才区区300万英镑而已。即使可以指定可用于支付赔款的商品，那么又能卖到哪里呢？需要注意的是：我们所说的商品年出口总值不是以几千万而计，而是以亿为计的。

就进口而言，减少进口量的可能性倒是更大一些。只要降低生活水准，那么对进口商品的消费就会大为减少。但前面已提到，很多大宗进口商品的量不可减少，否则会影响到出口量。

现在我们不妨把德国进出口额按合理的最大值去估计，且假定一段时间后，尽管德国的资源、设备、市场、生产能力都有所下降或减少，但德国仍可增加出口、减少进口，从而将每年的贸易盈余增

① 关于进出口商品价格在计算时的必要调整问题，后文将一并论述。

至 1 亿英镑（按战前价格计算）。这一假设是这样来的：首先要冲销贸易赤字，根据战前 5 年的平均值，这个数值为 7 400 万英镑，并且假定，冲抵了贸易赤字后，德国每年还可以获得 5 000 万英镑的贸易顺差。考虑到现在价格较之战前有所增加，故将此顺差乘以 2，就是 1 亿英镑。考虑到政治因素、社会因素、人的因素以及纯粹的经济因素，我实在怀疑德国在三十年里能否每年都付得起这笔款，但不妨做出这样的推断或希望，这并不算是愚昧无知的想法。

5 厘的利息加上每年偿付 1% 的本金，30 年内偿付的总额按现值计算就是 17 亿英镑。[①]

总之，我的结论就是：即使把所有的偿付方式——包括可立即移交的财富、割让出去的财产、每年应交付的款项——都用上，德国的偿付能力最多是 20 亿英镑。而就现实情形而言，德国绝无可能拿出 20 亿英镑。有人认为 20 亿英镑不算多，但请注意以下几方面的显著对比：1871 年法国的财富据估算还不到 1913 年德国财富的一半；且不考虑货币价值的变化，德国的 5 亿英镑的赔款就相当于 1871 年法国的赔款总数；与赔款数额的增加相比，赔款所造成的实际的负担的增加更甚，因此德国所要支付的 20 亿英镑的实际后果，要远大于 1871 年法国所支付的 2 亿英镑。

只有一种情形有可能增加上述所定的数额，那就是把德国的劳动力输送到国外被战争破坏的地区，从事战后重建工作。我听说此

① 如果减少偿债基金的数额，仍按年偿付但延长还款年限，则由于复利的作用，现值不可能大幅增加。如果一直是按每年偿付 5 亿美元，利息仍为 5 厘，则只能使现值增至 20 亿英镑。

类计划已在酝酿中。至于说这项计划能增加多少数额，要看德国政府能动员的劳动力的数量以及比利时、法国等国国民能够容忍的劳动力的数量和期限。不管怎样，即使是历时多年，使用输入的劳动力进行重建，以图获得 2.5 亿英镑的净现值，看来是极为困难的。在实际运作中，此举甚至构不成用其他方式所获得的年赔偿额的一个净增值。

因此，说德国的偿付能力为 80 亿英镑或 50 亿英镑，皆非合理的推测。对于那些相信德国可每年支付数亿英镑者来说，他们固然能够指出德国可用哪些种类的商品来支付以及这些商品销往何处，但除非他们能列出具体的细目，拿出可支持他们结论的看得见的论据，否则他们的说法就不可信。[①]

这里我再列出三个前提条件，当然，这三个前提条件无损于我

① 1918 年 12 月 3 日的《泰晤士报》刊登的悉尼·洛爵士（Sir Sidney Low）的来信即反映了公众对经济事务的误解。信中写道："我所看到的关于德国矿藏和化学资源的权威估计值为至少 2 500 亿英镑，仅鲁尔盆地的矿藏总值据说就高达 450 亿英镑。不管怎么说，这些自然资源的价值都足以偿还协约国的战债，还绰绰有余。为什么不能在一个较长的时间里将这些矿藏的一部分从现在的所有者那里转移到遭受德国攻击、驱逐、伤害的人民手中呢？协约国政府可以名正言顺地要求德国政府将这些每年可产出 1 亿至 2 亿英镑的矿藏的使用权交与他们，时间为 30 年、40 年或 50 年。这样我们就可以从德国那里获得足够的赔偿，而不必不顾一切地刺激德国的制造业和对外贸易从而损害我们的利益。"问题是，如果德国的矿藏真的值至少 2 500 亿英镑，何以悉尼·洛爵士只满足于每年的区区 1 亿至 2 亿英镑？这封信倒提供了一个反证。这样的计算方法是把深埋在地下的煤的价值等同于煤斗里的煤的价值，这就好比租期 999 年、年租金 1 000 英镑的总租金为 999 000 英镑，或者好比把一定时间内的一块土地上所种植的所有作物的价值视为这块土地的价值，这种思路虽大大增加了德国可赔偿更多金额的可能性，但这也是一把双刃剑。试想，如果德国的矿产资源真有 2 500 亿英镑之多，那么由于阿尔萨斯-洛林和上西里西亚的割让，德国所放弃的那部分矿产资源都足以偿还全部的战费和赔款了。可事实上，德国所有的矿产资源的当前市价也只有 3 亿英镑，仅为悉尼·洛爵士所期望的数值的千分之一多点。

前面对直接的实际目标所做的论证的效力。

其一，若协约国果真要在五到十年里“培育”德国的贸易和工业，包括为其提供大量贷款、输入粮食和原材料以及为其提供航运业务、为德国的商品找到并扩大市场、动用协约国所有的资源和商誉使德国成为欧洲乃至世界最大的工业国，才有可能在日后从德国那里每年获得更多的赔款，因为德国的工业生产能力极强。

其二，我在估算货币数额时，一个前提就是所用货币的购买力不会发生重大变化。一旦金价跌至当前的一半或十分之一，那么德国的实际支付负担就会同比例地减轻。如果一沙弗林（即一英镑金币）的价值变得和目前一先令的价值相等，那么德国以金沙弗林计算的偿还能力当然比我给出的要大得多。

其三，我假定，自然的产出和人类劳动所作用的原材料未发生革命性的变化。科学的进步会带来新的方法和手段从而使生活水准整体大幅提升，既定数量的产品所体现出的人类劳动只有当前的一部分，这不是没有可能。若如此，则所有的“能力”标准都会发生变化。虽说一切皆有可能，但这并不能成为信口开河的借口。

在 1870 年，没人能预测到 1910 年德国的生产能力。我们也不可能为一代人甚至更多代人做好规划。人类经济条件的长期变化以及人类预测出现误差的可能性，都会使得我们做出错误的判断，将某个方向错认为另一个方向。我们只能以已有之证据为基础来制定政策，并使该政策在未来五到十年里仍适用（因为在这段时间里，我们还是有一些预见手段的），除此之外，别无他法。如果我们且不去考虑影响人类生存之极端条件，也暂且假定自然秩序不会发生重大变化，人类与自然的关系也不会发生革命性的变化，那么我们的政策就不会谬以千里。诚然，从长期来看，德国的偿还能力我们无从准确判断，但这绝不意味着我们就有理由认为——正如有人所主张的——德国有能力支付 100 亿英镑。

为什么世人会如此轻信政客的谎言？关于这个问题，我只能说，以下几种因素部分地造成了民众的这种轻信倾向。

首先，由于战时的巨量支出、物价膨胀、货币贬值以致币值完全不稳定，我们对于财政方面的数字和数量级已完全没有了感觉。过去我们认为是极限的，如今早就不是极限了，那些总是以过去的经验来判断未来情势的人总是出错，结果凡是与权威沾边的任何说法，路人都愿意相信；且数字越大，他们越容易轻信。

但看问题比较深刻的人有时也不免被那些似是而非的谬见所误导。这样的人有可能将他们的结论建立在德国的全部的年生产盈余而不是出口盈余的基础上。据赫尔费里希（Helfferich）估计，1913 年德国财富增加了 4 亿至 4.25 亿英镑（不包括现有土地和不动产的货币价值的增加值）。战前德国的军备支出在 5 000 万至 1 亿英镑，如今德国不需要这方面的支出了。这样，德国为什么就不能每年向协约国支付 5 亿英镑呢？虽然论据粗率荒谬，但看上去却无懈可击。

但这其中之谬误有二。一是，经历过战争以后，到条约签订时，战后德国的年储蓄将低于战前的水平，若将来年复一年地提取德国的储蓄，那么德国的年储蓄就不可能恢复到以前的水平。阿尔萨斯-洛林、波兰、上西里西亚的割让，导致德国的剩余产出每年至少损失 5 000 万英镑。人们普遍认为，德国的航运业、海外投资、海外银行业和海外的经济往来等每年可给德国带来约 5 亿美元的利润，而如今，这几项业务已被转到协约国方面。每年抚恤金的费用据估计就有 2.5 亿英镑[①]，这实际上意味着生产能力的真正损失，远超省下来的军费开支。即使我们把 2 400 亿马克的德国国内债务视为内部分配问题而不是产出问题，我们也要考虑到以下因素：战时德国举借的外债；原材料储备消耗殆尽；牲畜损失殆尽；由于缺乏肥料和劳动投入，农田产出会减少；近五年内由于不能及时恢复和重建，德国的财富会减少。如今的德国不可能像战前那样富裕了，且由于上述原因（且不说之前提到的种种因素），德国将来的储蓄会缩水至少 10%，即每年减少 4 000 万英镑。

由于上述因素的作用，德国每年的盈余已降至不足 1 亿英镑，而这个数字还是我们考虑到了其他方面的情况而得出的，是德国每年支付额的最大值。也许有人会反驳道：我们还没有考虑德国人生活水准和舒适程度会下降这一点，毕竟，对一个战败国来说，这是不可避免的。[②] 即便如此，此种计算方法还存在一个重大的谬误。可用于国内投资的年盈余，只有在目前的工作种类发生根本变化的情况下才有可能转化为可用于出口的盈余。德国的劳动力对于国内部门来说是充足而高效的，但找不到可大规模输出到国外的途

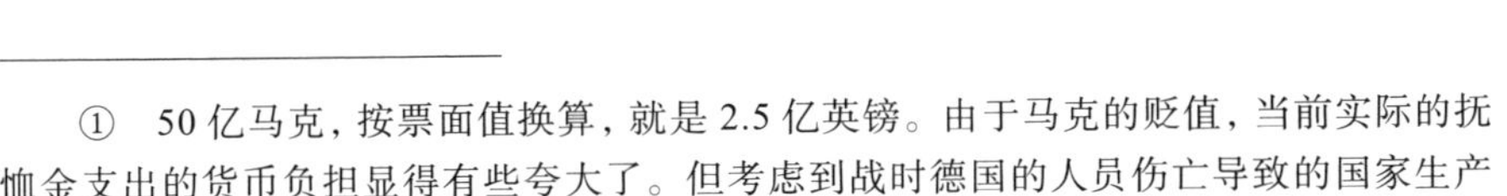

① 50 亿马克，按票面值换算，就是 2.5 亿英镑。由于马克的贬值，当前实际的抚恤金支出的货币负担显得有些夸大了。但考虑到战时德国的人员伤亡导致的国家生产能力的下降，这个支出倒也不算夸大。

② 顺便提一下，有一点不应忽视的是，一国过剩生产能力所带来的诸多结果中，生活水准的下降将对两方面产生影响。而且，我们白种人也没有受奴役的心理体验。但我们可以假设，如果一个人的剩余产品被全部拿走，那么他的效率会下降，也不会像以前那样勤奋了。如果他们奋斗的成果并不是用于他们的子女，不是用于养老，不是为了荣誉、地位，而是为了满足于外国征服者，那么，企业家和发明家将不会致力于发明创造，经商者和店主将不会存钱，劳工将不会辛苦工作。

径。现在又回到了同样的问题上，即对出口贸易格局的检视：哪些商品的出口贸易可使德国劳动力需求大幅增加？劳动力要转移到新的行业中，必然会带来效率减损和资本支出的增加。因此无论是理论上还是在实际上，德国劳动力为国内的资本增殖所带来的年盈余，无法算作交给国外的赔款。

四 赔偿委员会

赔偿委员会（以下简称委员会）是新成立的极不寻常的机构，如全力运转，必将对欧洲的生活产生广泛的影响，因此有必要专辟一节来介绍这个机构的特征。

就目前的条约而言，其要求德国赔款的内容，应该说是史无前例的。此前的条约中，关于战后处置，虽然也有强索赔款的内容，仍不能与这次的条约相比，这种差异，主要体现在两个大的方面。以往情形是，赔款总额是确定了的，是可以折合成具体的货币数总额；只要战败国能交得起每年应付的款项，也就没有必要再干预了。

但此次的索赔却并不明确，索赔总额超出了战败国的货币支付能力，也就是说，战败国根本付不起这个索赔额，原因如前所述。这样一来，就需要设立一个机构来确立"索赔账单"，确定支付方式，授予减免、延期支付等权力。只有让这个机构拥有干预敌国——此后的敌国只能作为破产者来管理，为债权人的利益服务——国内经济生活的极大的权力，才有可能年复一年地最大限度地榨取敌国。但实际上，赔偿委员会的权力和职能又被放大了，已超出了上述目的，成为诸多经济问题和财政问题的最后仲裁者——条约本身出于方便并未对这些经济和财政问题做出明确规定。[①]

关于赔偿委员会的权力和组成的规定，主要见对德和约第二百三十三至二百四十一条以及和约第八部“赔偿”中的附件Ⅱ。但该委员会同样也对奥地利、保加利亚以及视情形而定的匈牙利、土耳其等国行使权力，因为协约国与这些国家也签订了和约。这样，在对奥地利和约[②]和对保加利亚和约[③]中，关于赔偿委员会的规定与对德和约类似，只是在细节上作必要的修改而已。

至于委员会之委员，协约国方面的几个主要大国各派代表一人参加。美国、英国、法国、意大利的代表可全程参加会议，比利时的代表可参加除日本或塞尔维亚—克罗地亚—斯洛文尼亚王国（the Serbia-Croat-Slovenia State）代表参加的会议之外的所有会议，日本则参加涉及海上损害特别是日本方面的海上损害问题的所有会议，塞尔维亚—克罗地亚—斯洛文尼亚王国则参加所有关于奥地利、匈牙利和保加利亚问题的会议。协约国其他成员只有在审查、讨论该国之要求及利益时方可指派委员与会，但无表决权。

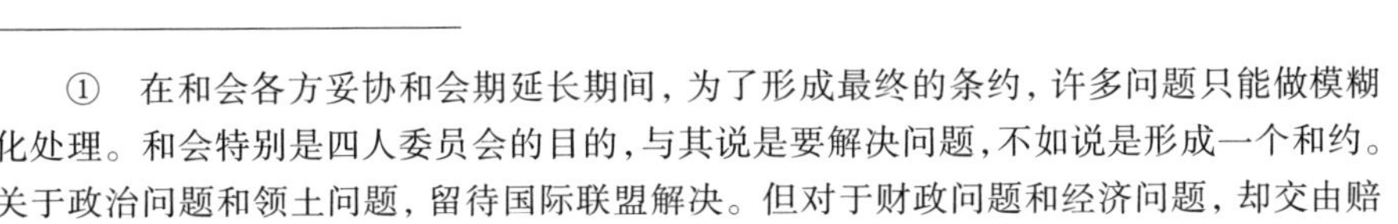

① 在和会各方妥协和会期延长期间，为了形成最终的条约，许多问题只能做模糊化处理。和会特别是四人委员会的目的，与其说是要解决问题，不如说是形成一个和约。关于政治问题和领土问题，留待国际联盟解决。但对于财政问题和经济问题，却交由赔偿委员会做出最终决定，尽管这个执行机构是由相关各方代表组成的。

② 奥地利须交付的赔偿款总额将完全由赔偿委员会决定，在对奥和约中未提具体的数字。奥地利的问题将由赔偿委员会的一个专门机构来处理，但此机构非经赔偿委员会授权不得行动。

③ 保加利亚应付的赔偿款为 9 000 万英镑，从 1920 年 7 月 1 日起每半年付一次。这笔赔偿款将由位于保加利亚首都索非亚的协约国管制委员会（Inter-Ally Commission of Control）代表赔偿委员会来征收。在某些方面，保加利亚的协约国委员会的确拥有独立于赔偿委员会的权力的，但是，前者又的确是以后者的代理人的角色行使权力的；经授权，协约国委员会可向赔偿委员会提出诸如减少半年一次的分期付额度等建议。

委员会所讨论的问题原则上采取多数表决决定，但某些特别议题，如是否免除德国的债务、分期付款是否长期延长、德国债券可否转卖等最重要的问题，需全体一致同意才能通过。委员会还被授予了全面的行政权力，以贯彻委员会的决定。委员会可委派执行职务所需的职员以及向下属官员授权。委员会及其成员享有外交特权，人员之薪酬须由德国支付，但德国无权决定薪酬额。委员会要想履行诸多职能，就得建立一个多语种的、人数达数百人的庞大的官僚组织。委员会将在巴黎设总办事处，这个庞大的组织将决定中欧的命运。

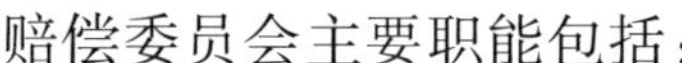

赔偿委员会主要职能包括：

(1) 审议协约国各国根据和约第八部“赔偿”中的附件一所列诸条提出的具体赔偿要求，以确定向德国提出赔偿要求的准确数字。此任务须在 1921 年 5 月 1 日之前完成。德国政府及德国的前盟国被予以“陈述之公允机会”，但“无论如何不得参预委员会之决议”。也就是说，委员会既是运动员，也是裁判员。

(2) 一旦确定了索赔额，委员会须制定一个支付时间表，以征收 30 年内德国须偿付之连本带息的赔款。委员会可随时“审查德国之财源与能力，并使德国代表得有陈述之公允机会”，在此基础上在许可的范围内可变更此支付时间表。

“委员会应按期衡量德国之偿付能力，审查德国征税制度：(甲)使德国所有岁入项下，凡充作任何国内公债之用或以之偿还者，先以抵付为德国赔偿名义所负之数；(乙)使得确实保证，凡德国税制与在委员会有代表之各国中任何一国之税制在比例上其所荷之重量相同。”

(3) 为确保德国能够支付10亿英镑，1921年5月1日之前，委员会有权要求德国交付任意地点、任意指定的德国财产，也就是说，“德国应照赔偿委员会所定之分期交付及办法(用现金、商品、船只及有价值之物或用他物)偿付”。

(4) 委员会可决定德国国民在俄国、中国、土耳其、奥地利、匈牙利、保加利亚等国以及所有曾经属于德国及其盟国的领土上的公用事业中的何种权利和利益可被没收并移交给委员会；评估这些被移交的权益的价值；决定如何瓜分这些战利品。

(5) 对于从德国劫夺的财富，为使德国的经济组织恢复活力从而能在将来有能力继续支付赔偿款，需向德国返还一部分赔款，具体返还数额由委员会决定。[①]

(6) 委员会可评估根据停战议定书及和约所规定的德国应让与的财产和权益(包括机车、商船、内河船只、牲口、萨尔煤田、被割让领土上有权索要的财产，等等)的价值，德国对评估结果不得上诉或申请仲裁。

(7) 委员会可决定条约第八部“赔偿”之诸附件规定的德国应以实物偿付的数量和价值(在有限的范围内)。

(8) 委员会可决定德国应归还的可确认的财产。

(9) 对于德国以现金或实物形式交来的赔偿，委员会可接收、管理、分配之。委员会也有权发行和售卖德国的债券。

(10) 对于石勒苏益格、波兰、但泽和上西里西亚这些割让出去

① 和约规定，协约及参战各国的主要国家的政府都可以为此目的而指定任何一个机构来执行，不一定非要由赔偿委员会执行。这里姑且假定没有第二个机构来专门执行此项任务。

的地区应承担的战前公债的份额，将由委员会确定。对于末期奥匈帝国的公债，如何在前帝国的各地区之间进行分配，也将由委员会决定。

（11）委员会将对奥匈帝国银行进行清算，监督末期奥匈帝国的货币体系的终结以及新货币体系的建立。

（12）委员会可视情况就德国是否有能力履行赔偿义务做出报告，提出强征的具体建议。

（13）大致说来，借助于一下属机构的运作，委员会对奥地利、保加利亚——十有八九还有匈牙利和土耳其——也履行同对德一样的职能。[①]

此外，委员会还有不少次要方面的职责，兹不赘述。上述十三方面的职责已足以说明该机构权力之大、管辖范围之广、影响之大。和约规定德国应付的赔偿款往往超出德国的偿付能力，这使得该机构的地位更显得非同寻常。和约规定，只要该委员会认为根据德国的经济形势，有必要减免德国的赔偿款，委员会就可以做出这样的决定，这就使得委员会在很多方面可以说是德国经济生活的裁决者。委员会不仅要调查德国的一般支付能力，（在头几年里）决定进口哪些食物和原料；而且还被授予对德国的征税制度（附件二第十二节第二款）[②]以及国内支出施加压力的权力，以确保德国全部财源首先用于支付赔偿款；委员会还可决定德国经济生活对机器、牲

① 截至本书写作时，还未有针对这些国家的专门条约。土耳其的问题很有可能将由一专门的委员会来处理。

② 在我看来，委员会的确是有这项权力的（如果这款规定确有所指），尽管协约国的答复意欲撇清自己的责任："附件二第十二节第二款并没有授予委员会以规定税则、强制征税以及强行规定德国预算性质的权力。"

畜等的需求以及确保德国按规定的进度移交煤炭。

和约第二百四十条规定，德国明确承认委员会“可由协约及参战各国政府组织之”，“并绝对承认该委员会握有本和约所给之权利及权力，并执行之”。德国须向委员会提供所有相关信息。还有，和约第二百四十一条规定：“任何法律、条例与命令可使此种规定发生完全效力所必要者，德国允诺通过之，颁布之，并保持其有效。”

位于凡尔赛的德国财政委员会对此的评论可以说毫不夸张：“德国的民主就在德国人民经过艰苦卓绝的斗争刚要建立起来的时候，却被扼杀了。扼杀德国民主的正是那些在整个战争期间从不主张我们应享有民主的人……德国不再是一个民族、一个国家了，而仅仅是债权人交到买家的一个商品，就连证明一下德国是自愿地履行赔偿义务的机会都省去了。委员会常设总办事处并不在德国，但权力之大，就连德意志帝国也是瞠乎其后；在该机构的统治之下，德国人民在未来的几十年里将被剥夺所有的权利；就连人民的独立行动的权利也被剥夺了，剥夺程度甚至远甚于专制政体；德国国民在经济发展甚至道德建设中的积极进取的精神也遭到了打压。”

在回应这些评论时，协约国当然是拒不承认这其中有任何的实质内容、根据和说服力。协约国方面宣称：“德国代表团发表的评论是对委员会的严重曲解和误解，以至于很难让人相信他们曾平心静气或认真地看过和约。委员会并非压迫工具，亦非干涉德国主权的机构。它没有可以指挥的军队，也不拥有在德国领土内的行政权力；委员会也无权指导或控制德国的教育系统及其他方面。委员会的任务只是询问德国应该用什么来支付赔偿款；确保德国能够支付赔偿款；一旦德国不履行赔偿义务，要向在赔偿委员会中委员的诸国报告。如果德国能自行筹集到所要赔偿的资金，则委员会就不可命令德国用其他方式筹集资金；如果德国想用实物支付赔偿款，委员会也不是不可以接受，但必须是和约规定的实物类别，否则不予接收。”

协约国关于赔偿委员会的职责范围的上述陈述并非实情，只要将委员会职责的各项职责规定与协约国的上述说法或与和约进行比较就可以看出。例如，协约国不是宣称委员会“没有可以指挥的军队”吗？可是根据和约第四百三十条的规定，“在占领期间，或在以上所载之十五年届满后，赔偿委员会认为德国对于本和约发生之该国赔偿义务有拒绝全部或一部履行之处，则协约及参战各国军队得立时重行占领第四百二十九条所指区域之全部或一部”，如此看来，协约国的说法难道还能成立吗？至于德国是否履行了赔偿义务以及是否有可能履行义务，和约并没有规定如何处理，只能留待观察，但却并没有让国际联盟来观察判断，而是让赔偿委员会来做决定；而且委员会一旦认定德国未能履行赔偿义务，则协约国就“立时”动用武力。不宁唯是。协约国在回应中想刻意淡化委员会的权力：先是假定德国是有很多办法做到“能自行筹集到所要赔偿的资金”，在这种情形下，赔偿委员会的很多权力的确不能发挥实际的作用；但实际上之所以要成立赔偿委员会，原因之一正是预料到德国承受不了这样的负担。

据报道，听说赔偿委员会的一个分机构要参访维也纳，维也纳人民于是对委员会寄予了希望。这个财政机构显然从维也纳那里拿不走一分钱，因为维也纳人民一无所有，因此该机构必定是为援

助和救济维也纳人民而来的。厄运之中，维也纳人民头脑还如此浑浑噩噩，竟作如此想。但他们的想法也许是对的。赔偿委员会将密切关注欧洲的问题，承担起权责一致的职责。因此，赔偿委员会有可能扮演和设计者初衷不一样的角色。如果把司法职能移交给国际联盟，不再追求利益，那么，只要改变目标，赔偿委员会由一个压迫、劫掠的机构变成一个致力于恢复生活和幸福——甚至包括恢复敌国人民的生活和幸福——的欧洲的经济委员会，谁曰不宜?

五　德国提出的方案

德国提出的反提案并不是那么明确，在很大程度上可以说相当不诚实。和约第八部“赔偿”中关于德国发行债券问题的条款给民众以这样的印象：德国须赔款 50 亿英镑，或者说，不管怎么算，这已是最低的数字了。因此德国代表团就以此数字为基础提出他们的答复方案，显然他们认为，如果出现了少于 50 亿英镑的情形，协约国的舆论是不会满意的。由于德国代表团并不想真的拿出如此数量的赔偿款，于是他们就费尽心思地拿出一个协约国舆论是如何得出该数字的公式，但事实上按照这个公式，得出的将是一个远低于 50 亿英镑的数字。只要仔细琢磨该公式并对事实有所了解，该公式很容易被识破，不要指望能瞒过协约国的谈判代表。因此，德国的策略是，假定协约国的谈判代表和德国人一样，内心还是希望尽快达成一项比较切合实际的协议，还有，协约国的谈判代表正被各自国内舆论弄得焦头烂额，因而在起草条约时他们愿意合谋。如果换一个稍微不同的环境，这样的假设确实是有可能成立的。但实际情形却是，德国代表团可谓机关算尽，枉费心机，如果他们对他们所认可的赔偿数额及德国的赔偿能力做出坦诚而直率的估计，结果也许就不一样。

在如下情况下，德国才会去支付50亿英镑。首先，德国可以在和约中做有条件的让步，只要确保“根据《停战协定》，德国的领土完整应得到保证[①]；德国保留其殖民地和包括大吨位船只在内的商船；确保德国国民在国内外可享受到和其他国家国民一样的行动自由；废除所有战争法令；战时对德国经济权利和德国的私人财产等的一切干预和介入，应按互惠原则予以调整”。换言之，德国代表团提出的这个数字，是以废除和约的其他大部分内容为条件的。其次，协约国赔偿要求不能超过50亿英镑，其中10亿英镑要在1926年5月1日前支付；赔款总额不计利息。[②]最后，赔款总额要减去如下款项（当然还有其他一些项目）：(1)根据停战协定向协约国交付的款项，包括军用物资（如德国海军装备）；(2)德国割让出去的领土上的所有铁路和政府财产；(3)德国割让出去的所有领土（假如仍为德国的一部分）按比例分担的德国公债（包括战债）和和约“赔偿”部分规定的赔款（假如仍为德国的一部分）；(4)德国在战争期间借给盟国的债权的价值。[③]

应减去的上述四项款项（和约规定之外的），据粗略估计，约为20亿英镑，尽管第(4)项几乎很难计算。

① 不论这意味着什么。

② 假定本金平均分摊在33年内支付，那么，与5厘的计息相比，不计利息将使偿付负担少了一半。

③ 此为德国方案之要点，其他方面的细节，恕不详述。

所以，假使按和约所定的标准计算，德国愿意拿出的50亿英镑赔款，我们一定要先减去和约上所不许的20亿英镑作为抵消，剩下的30亿英镑再对半，就是德国应支付的不收利息的延迟付款的现值。也就是说，这个数字将减至15亿英镑，而据我的粗略估算，和约要求德国支付的数额为80亿英镑。

尽管这个数字是以取消和约上其他大部分为条件的，很难说是一个大得离谱的字，但这个数字本身就意味着一大笔支出，在德国国内也的确招致广泛的批评。[①] 但假如德国代表团明确地而不是含糊地陈述他们的偿付能力，那么效果会更好。

在协约国对德国提案的最终答复中，有一条很重要，此前我未提及，不妨在这里陈述之。一般说来，和约第八部“赔偿”的规定条款是不可能像起草之初那样有让步的，但协约国也承认的一个不便之处是，德国能够负担多少赔款，其数额尚未确定，建议1921年5月1日之前确定最终的赔款数额。因此协约国方面答应在和约签字生效后四个月内(即到1919年10月底)，对于和约规定的德国需支付的全部债务，德国有权提出一个支付总数，而协约国在随后的两个月内(即到1919年底)“要尽可能地予以答复”。

该办法有三个条件：“第一，德国政府应能与协约国诸大国的代表直接协商，方能拿出方案。第二，方案的文字表述必须清晰、准确、无歧义。第三，德国政府必须接受和约所规定的类目和赔偿条款，不容讨论。”

该办法看来并没有考虑德国的支付能力问题。这个办法只关

① 因此，严格说来，这个数字并不能与我在本章前几节里估算的德国偿付能力值相比，因为前面我在估算德国的偿付能力时，是以和约其他部分也对德国有效为前提的。

心的是确定和约规定的德国赔偿总额，不管它是70亿、80亿还是100亿英镑。协约国的答复是："问题无非是事实确认，即赔款总额的认定。自然，问题也只能以这样的方式来解决。"

如果将来的谈判真的是按照这种思路进行，是不会有结果的。如果说和会期间双方在德国应付款数额这个问题上尚无法达成一致意见，那么从现在起到1919年底之前，双方要在赔偿总额上达成一致，不见得更容易。就算确切地知道了德国按照和约规定应支付的巨额赔偿数量（且不管是怎么算出来的），对德国的财政状况也无助益。不过，此后的一系列谈判却提供了一个机会，那就是重新讨论有关德国赔偿的一切问题，尽管我们不可能指望协约国的舆论在短期内会来个急转弯。①

我认为，德国应得到公平地对待这个问题，不能完全倚赖我们的保证或经济事实。通过降低数百万人的生活水准、剥夺整个国家的幸福的方式达到削弱德国、奴役德国整整一代人目的的政策，是可憎的。是的，这是可憎的，尽管这是有可能实现的，尽管它会让我们变得富足，尽管它并没有播下让欧洲整个文明的生活方式变得腐朽的种子。有人鼓吹说这就是正义。在人类历史的诸多重大事件中，在各国所展示的复杂命运中，正义从来不是如此简单的。即便如此，各国也不能冤冤相报，把敌国父辈的或统治者犯下的罪过施于敌国的下一代人身上，无论是以宗教的名义还是天道的说辞。

---

① 由于协约国方面在批准和约时发生的延误，到1919年10月底，赔偿委员会还没有正式成立。因此，据我所知，目前还没有任何行动来执行上述措施。但由于形势使然，这个日期还得往后推迟。

第六章　和约签订后的欧洲

本章的基调是悲观。和约没有关于欧洲经济复兴的任何条款：没有规定如何使战败的中欧诸国变成友好的邻居，没有规定如何让新的欧罗巴合众国保持稳定，没有规定如何感化俄国；和约也没有致力于使协约国诸国之间保持经济上的紧密相连；对于如何恢复已陷入混乱的法国和意大利的财政，在巴黎签署的一系列条约也并没有对此做出具体安排，对于如何调节新旧大陆体系问题，和约也未置一词。

“四人委员会”对这些问题视而不见，他们关注的是其他问题：克里蒙梭想的是如何碾压法国宿敌的经济生活；劳合·乔治想的是做笔交易，回国时能有个交待（哪怕只是维持一星期的交待）；而总统则是不做不义的事情。对于那个遍地饿殍、面临分崩离析的欧洲来说，更为重要的经济问题就摆在他们眼前，四人委员会就是无动于衷，岂非咄咄怪事！他们所涉足的经济领域的问题就是赔偿，但他们是把赔偿问题当成神学问题、政治问题、选举需要的问题来解决的，总之，除了命运操之于他们之手的欧洲诸国的经济前景这个角度，其他所有的角度都想到了。

从现在开始，我不再谈“巴黎”“和会”“和约”，而是概述一下当前欧洲的形势，因为当前的形势正是战争与和议造就的。至于说战争造成的不可避免的后果可避免悲剧的发生，下文将不再特别关注这种区别。

就我之所闻所见，当前形势的主要事实可简要叙述如下。如今的欧洲，其人口密度为有史以来最高。欧洲人已习惯过高标准的生活，即使是现在这样的情形下，对于某些方面的生活，人民还是希望不断提高而不是下降。由于有了与其他大陆的联系，所以欧洲并不是自给自足的，特别是在粮食方面。欧洲的人口分布并不均匀，相当多的人口聚集在一些面积不大的密集的工业中心。战前，欧洲人的生活全赖复杂精密的组织而维系，并没有多少剩余，其支撑基础是煤、铁、交通，粮食和原材料则从其他大陆源源不断地涌入。一旦这个组织遭到摧毁，供应链遭到破坏，部分欧洲人就过不上原来的生活了。对于过剩的人口来说，向外移民并不是有效的途径。因为即使能找到可以接纳移民的国家，把这些移民送到海外也需要数年之久。因此我们面临的危险是，欧洲人的生活水准将快速下降，降至某些人要忍饥挨饿的境地（俄国已是这种情形了，奥地利也快了）。人们是不会静静地等待死亡的。饥饿会使人无精打采，产生无助感和绝望感，也会使人神经紧张、歇斯底里，以至抓狂。当人身罹不幸时，就有可能会为了个人的最紧迫的需要而想着把那经济组织方式的残余也要推翻，连同那文明自身也要一起埋葬。这就是目前的危险所在，需要我们动用各种资源，拿出勇气和理想主义，来全力以赴应对的危险。

1919 年 5 月 13 日，布罗克多夫-兰曹伯爵向协约及参战各国和平委员会提交了德国经济委员会的研究报告，报告控诉了和约的条款对德国人口形势的影响。报告称：“德国利用过去的两代人的

时间，完成了由农业国向工业国的转变。只要德国还是个农业国，就能生产出供 4 000 万人口吃的粮食。成为工业国后，德国可养活 6 700 万人。1913 年德国的粮食进口达到 1 200 万吨左右。战前，德国有 1 500 万人靠对外贸易、航运和利用外国进口的原料而谋生。”报告在引述了和约的主要相关条款后写道：“由于损失了殖民地、商船和对外投资，德国的生产减少了，经济开始不景气，结果就是德国不能够再从国外进口大量的原料。如此，德国的工厂就不可避免地倒闭。这样一来，一方面是对进口粮食的需求大幅增加，但与此同时，满足这种需求的可能性大为下降。在短期内，德国无法为上千万的人口提供面包和工作，而这些人原本是靠航运和贸易赖以为生的。当然，这些人可以移民出去，但事实上是不可能的，因为现在许多国家（包括那几个最重要的国家）都反对德国向外移民。真要履行和约条款的话，就意味着德国将减少几千万的人口。这个灾难不久就会到来，因为德国人的健康已被战时的封锁以及停战期间更为严重的封锁导致的饥荒毁掉了。无论规模多大、持续时间多长的援助，都阻止不了这种同时爆发的死亡。”报告最后写道：“我们很想知道，协约及参战各国的代表是否意识到：如果德国这个人口密集、紧紧地捆绑在世界经济体系中、需要大量进口本国必需的粮食和原料的工业国，突然发现自己被拉回到半个世纪前的经济发展水平和人口规模的发展阶段，那会产生什么样的后果？在和约上签字，也就意味着在数百万德国男人、妇女、儿童的死刑判决书上签字。”

对于上述报告提出的问题，我无法做出确切的回答。这一控诉至少对对奥地利的和约也是适用的。这就是摆在我们面前的一个

根本性的问题，相比之下，领土调整也好，欧洲的力量均衡也罢，都不那么重要了。一时之优越条件可使人口增长，以至于超出了这种有利条件消失时所能供养之数量，无论是自然过程的结果还是人为的因素，一旦这种有利条件突然中断，人类就会倒退几个世纪，这就是以往历史上发生的大灾难。

当前形势的重要特征可概括为以下三方面：一是，欧洲内部的生产能力暂时绝对下降；二是，交通瘫痪，交易中断，欧洲的产品无法输送到最需要的买家那里；三是，欧洲无力购买来自海外的日常用品。

生产能力的下降程度不好估计，容易被夸大。但初步的证据足以让人震惊不已，这一因素也是胡弗先生深思熟虑的警告中的要点。造成生产能力下降的原因有很多：俄国和匈牙利国内发生的暴力和长期混乱；波兰和捷克斯洛伐克成立了新政府，而新政府在重整经济关系方面缺乏经验；由于战争伤亡和无休止的战争动员，整个欧洲大陆损失了高效的劳工；同盟国内长期以来食品供应不足，生产效率下降；整个战争期间由于没有人工施肥导致的土壤肥力流失；上述种种问题也使得劳工阶级心理不稳定，正如胡佛所说的："劳工阶级的生活存在一个很大的根本性的经济问题。战争造成了精神上和身体上的紧张，再加上缺衣少食，相当多的人感到精疲力尽，自然不会再像以前那样卖力气地工作了。"由于种种原因，很多人失业了。胡佛在报告提到，1919 年 7 月欧洲各国的失业署的数据显示，已有 1 500 万个家庭收到了各种失业津贴，其中大部分是通过滥发货币的方式支付的。在德国，劳资双方都面临的一个共同的威胁是：一旦赔偿条款实施，那么，他们所生产的超过最低生活标准的所有产品，在未来几年里，都将被拿走。

世事衰败如此，已用不着我们所掌握的这些可靠的数据来进一步渲染了。但我还是提醒读者注意一二。整个欧洲的煤产量下降了30%，须知，欧洲的大部分工厂离了煤就没法开工，交通运输系统更是离不开煤。而战前，德国的粮食自给率为85%，现如今德国的土地生产率下降了40%，牲畜数量下降了55%。[①] 俄国是此前粮食贸易出超的欧洲国家之一，但由于产量下降以及交通落后，如今自身也面临饥馑。丰收之后的匈牙利，粮食已被罗马尼亚人洗劫一空，此外还有其他麻烦。奥地利在1919年内就要吃光本年所收获的全部粮食。这些数字之触目惊心，简直让我们难以相信；如果事情不是严重到如此地步，我们对以上诸国也许还有信心。

但即使能找到煤炭，粮食也获得丰收，欧洲铁路系统也已然瘫痪，无法运输；即使产品能生产出来，欧洲货币体系已经崩溃，产品无法售卖。我在前几章里已描述了由于战争的破坏和停战期间向协约国的移交而造成的德国交通体系的损失情况。但即便如此，考虑到德国的制造业水平，德国的境况很可能不会像它的某些邻国那样差。俄国的铁路运输条件极差（尽管对俄国铁路的具体信息我们知之甚少），这也是如今俄国经济混乱的最根本的原因之一。波兰、罗马尼亚、匈牙利也好不到哪儿去。从根本上讲，现代工业生产已离不开高效的交通设施，那些倚赖交通运输业为生的，交通业对他们来说更是须臾不可离。雪上加霜的是，货币崩溃了，已无法成为交易的媒介。由于上述因素都与对外贸易有关系，下面就具体

① 见斯塔林（Starling）教授的《关于德国粮食形势的报告》（第280页）。

谈一下。

那么，欧洲是什么样子呢？本国生产的农产品足以供养本国的农业人口，而无剩余以供应城市人口，也没有动力去用粮食交换其他物品（当然，还有一个原因就是，由于没有进口的原料供应以及本国城市生产的可供售卖的工业品的种类的数量不足）；没有了粮食，工业人口不可能体质健壮；没有了原料，他们就无以为生，也不可能通过从国外进口的方式来改善国内生产状况。但胡佛先生认为，“粗略的估算表明，欧洲要养活的人口数要比没有商品进口的情况下至少多出1亿，因而欧洲人离不开出口品的生产和分配”。

要想探讨重新实现对外贸易中生产和交换的交替往复、循环不已这个问题，这里有必要离题一下，请容我谈一谈欧洲的货币形势。

据说列宁宣称，破坏资本主义制度的最好的办法是任其滥发货币。通过接连不断的货币贬值，政府就可以不动声色地没收公民的大部分财富。用这样的方法，他们不仅没收了，而且没收得很彻底；在此过程中，很多人变得一贫如洗，而有些人则发了财。这种财富的随意重新洗牌，不仅危及安全，而且还会打击人们对现有财富分配的公平性的信心。有的人借此发了横财，所得超出了应得甚至超过了他们的预期或愿望，成了“投机商”，但同时也成为纸币滥发中财富化为乌有的中产阶级的“眼中钉”，更别说无产阶级了。由于接连不断的通货膨胀，货币的真实价值每个月都起伏很大，债务人和债权人之间的持久关系本是资本主义的最后基础，如今将彻底紊乱，以至于变得毫无意义，获取财富的过程也堕变成一场赌博或买彩票。

列宁当然是对的。在推翻现有社会基础的种种手段中，没有比滥发货币这种方法更狡猾、更有效的了。这一过程足以把隐藏在经济规律背后的力量都动员起来，变成破坏的力量，而且可以做到百万人中竟无一人可以察觉到。

在战争的后一阶段，要么是形势所逼，要么是无能，所有的交战国政府都实行了布尔什维克的计划模式。即使到了现在，战争已经结束，多数国家也因虚弱不堪而仍延续战时的错误做法。不仅如此，此时的欧洲各国，不少政府既软弱无力又不计后果，把本是他们错误做法的恶果所引起的民愤指向了“投机商”阶级。广义地讲，这些“投机商”是资本家中的企业家阶级，也就是说，是整个资本主义社会中富于进取精神和富于建设性的因素，当价格快速上涨时，他们想不暴富都难。如果价格持续上涨，那些已经购买商品并储存起来或拥有财产和工厂的人肯定会获利。通过把仇恨引向“投机商”阶级，欧洲各国政府把列宁聪明的大脑所设想的未来又大大地向前推进了一步。要知道，投机商只是价格攀升的结果，而不是价格上涨的原因。通货膨胀的结果是，已形成的财富均衡和契约受到剧烈而任意的干扰，这样一来就对社会安全造成冲击。再加上大众对企业家阶级的仇视，欧洲各国政府已使得 19 世纪的社会秩序和经济秩序迅速变得难以为继。但是，欧洲各国政府并没有想好替代这个秩序的计划。

于是，在欧洲，我们面临的局面是：赢得了 19 世纪工业胜利的大资本家阶级，就在几年前还仿佛是全能的主宰，如今已孱弱不堪。如今的资本家阶级中的很多人感到如此惊恐不已，胆小怯懦，他们对自身在社会中的作用以及对维持社会有机体的不可或缺的角色如此没有信心，结果他们轻易地就成为社会恐吓的牺牲者。25 年前的英国还不是这样，如今的美国更不是这样。那时的资本家对自身的角色深信不疑，对他们的社会价值深信不疑，他们认为自己充分享受财富和行使无限权力是再正当不过的了。如今，面对各种辱骂，如“亲德派”、国际金融大鳄、“奸商”，他们胆战心惊，他们愿意给你钱，多少都行，只要你别骂得那么尖锐。虽然政府是由他们组成的，媒体是他们的，但他们却甘心被自己的工具摧毁殆尽。或许历史上所有社会秩序的毁灭，无不是自己造成的。在更为复杂的西欧，内在意志会更为精巧地达到自己的目的，而克洛茨和劳合·乔治的政策所引发的革命不亚于鼓吹暴力的俄国哲学家的唯理智论所引发的革命（对我们来说，唯理智论太过无情，实在难以接受）。

欧洲货币体系的通货膨胀政策已经极为严重。各交战国政府要么无能，要么过于畏葸，要么过于短视，而无法通过税收和贷款来获得财源，于是只有印纸钞来平衡预算。在俄国和奥匈帝国，滥发纸币到了对于对外贸易来说没有任何价值的地步。一波兰马克只值三美分，而一奥地利克朗还不到二美分，尽管如此，它们也卖不出去。一德国马克在外汇市场上的价值还不到四美分。东欧和东南欧的大部分国家的情形也差不多。尽管有一些管制措施，意大利的货币还是贬值了一半。法国货币的市场不确定，就连英镑的现值也大为下降，将来的前景也不看好。

尽管这些货币在国外的价值极不稳定，但在国内，其购买力并没有完全丧失，即使俄国也是如此。在情感上，各国民众对于国家的法币还是有很深的信任感的，以至于他们相信有朝一日货币的价值还是能恢复到以前的，哪怕只是以前的一部分。在他们的头脑中，货币的价值是与生俱来的，他们并没有意识到，表现为货币的实际财富已彻底消失。民众的这种情感是有法律法规支持的，有了这些法律法规，政府就得控制国内价格，从而确保法币的购买力。法律的力量可以保护货币对某些商品的购买力，情感和习惯的力量使得民众特别是农民愿意储存实际上全无价值的纸币。

运用法律的力量来管制价格，借此维持货币的虚假价值，这种做法反而埋下了最终的经济衰退的种子，会很快就耗光所有的供给资源。如果一个人被迫要将自己的劳动成果换成纸币，那么他很快就会意识到，按照他出售自己产品时的价格，他买不到想要的商品，于是他会将自己生产的产品自己留用，或作为恩惠送给朋友或邻居，或者在生产时偷点懒。如果商品的交换不是建立在真实的相对价格的基础上而又强制要求的话，不仅会导致生产下降，最终还会造成浪费，导致低效的以货易货的交换。但如果政府放任不管，那么某些必需品的价格就会飙升，以至于只有富人才买得起，这样一来，钱不值钱就越发明显，对公众的欺骗也就难以维持了。

价格管控以及为消除通货膨胀而把投机商当成替罪羊，二者对外贸易的影响将更为严重。不管国内会出现什么情况，货币在国外总会达到它的真实值，因为国家无法对国内价格和国外价格进行正常的调控。若按汇率计算，进口商品的价格远超本国价格，如此一来，私营的贸易商就压根儿不想进口那些必需品，只能由政府来提供，而政府也无非是以低于成本的价格转卖货物，结果是加快了走向破产的步伐。现在欧洲普遍实行的面包补贴就是一个典型的例子。

现在的欧洲各国各有各的不幸，就其表现而言，大致可分为两种极为不同的类型：一种是由于封锁造成的国际贸易的中断，一种是用盟国的财源来支付进口物资的。其中德国是第一种的典型，法国和意大利是第二种类型的代表。

德国的纸钞发行量约为战前的十倍。[①] 如果用黄金来衡量，马克的价值仅为战前的八分之一左右。就世界范围而言，黄金的价格比战前高了两倍，德国境内马克的价格应为战前的16至20倍，这样才能与德国之外的价格相一致。[②] 但实际情形并非如此。尽管德国物价涨幅很大，但大宗商品的平均涨幅也就五倍左右，不可能再往上涨了，除非工资水平也同步且同幅度提高。由于失衡，对德国的经济重建来说至为重要的进口贸易无法恢复，这表现在两方面的障碍（当然还有其他的障碍）。第一，进口商品的价格超过了德国民众的购买力[③]，即使进口商品在封锁取消后大量涌入，德国民众也无力购买。[④] 第二，对贸易商和生产商来说，如果他要用国外贷款来购买原料用于出口或加工，那么他换来的将是价值极不确定且有可能无法变现的马克货币，因而这样的生意是有风险的。后一种障碍往往为人所忽视，应引起人们的注意。三个月、六个月抑或一年后的马克到底值多少钱（指外币），目前还很难说，就连外汇市场也没有可靠的数据供参考。德国贸易商本来可以获得英镑或美元的短期贷款的，但考虑到日后的信用和声誉，他们会很谨慎的，因此他们是不愿意接受这样的贷款的。否则，他将欠下英镑或美元，但他要卖出他的产品以换取马克，而日后他能否把马克换成须偿还的货

① 如果算上各类贷款，就不止十倍了。

② 同样，奥地利的价格应为战前的20至30倍。

③ 停战期间协约国对所占领的德国领土上的行政管理中遇到的最明细的一个难题，就是他们即使把粮食运到德国，即使是成本价，德国民众也买不起，这也是征兆之一。

④ 从理论上来说，过低的价格会刺激出口，从而自动地解决价格过低的问题。但在德国以及波兰、奥地利，问题是几乎没有可供出口的东西，只能是先进口然后是出口。

币，是很成问题的。商业活动失去了应有之义，变得和交易中的投机没什么两样了，价格的波动彻底摧毁了正常的商业利润。

因此，要想恢复贸易，就得破除三个障碍：一是国内价格和国际价格的不协调问题；二是个人无法从国外获得用以购买所需的原材料的贷款，从而无法保证周转资金以及重启商业流通；三是混乱的货币体系使得信贷业务充满风险或成为不可能，这与普通的商业风险很不一样。

法国的纸钞流通量比战前的六倍还多。以黄金衡量的话，法郎的交易值为战前的三分之二弱，也就是说，法郎的价值并没有与流通量的增加而成比例地下降。① 法郎之所以有如此不同寻常的表现，是因为直到最近，法国的大部分进口物品还没结算，正好可用英美两国提供的贷款来还上。这就要求进出口达到平衡状态，由于外部援助会越来越难以持续，进出口平衡这个问题显得极为严峻。法国国内经济和与纸币流通量及外汇相联系的价格水平，目前是建立在入超的基础上，而这种入超又是不可能持续的。这种入超很难再调整回去，除非降低法国的支出标准，但这是不可能的，因为哪怕只是暂时降低标准，也会引起普遍的不满。②

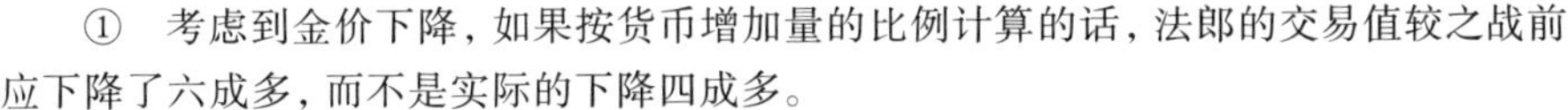

① 考虑到金价下降，如果按货币增加量的比例计算的话，法郎的交易值较之战前应下降了六成多，而不是实际的下降四成多。

② 关于法国的国际贸易失衡程度，只要看看下表就知道了：

时间	每月平均进口额（万英镑）	每月平均出口额（万英镑）	每月平均入超额（万英镑）
1913 年	2 807.1	2 293.4	513.7
1914 年	2 134.1	1 622.9	511.2
1918 年	6 638.3	1 381.1	5 257.2

意大利的情形也大致如此。意大利的纸钞流通量为战前的五六倍。以黄金来衡量，里拉的汇价仅为战前的一半。这样，与法国相比，意大利的货币汇价对纸钞流通量的调节做得要好一些。此外，移民的汇款和游客的消费等“无形的”收入也受到严重的损害；奥地利的动荡不安也使得意大利失去了这个重要的市场；由于意大利高度依赖外国航运及各种进口的原料，因而更易受国际价格上涨的不利影响。综上种种不利因素，意大利的形势还是很严峻的，入超严重的情形和法国差不多。[①]

法国和意大利两国的通货膨胀和国际贸易失衡问题，因为两国政府糟糕的预算而雪上加霜。

法国是出了名的收不上税的国家。战前，法英两国的总预算和

续表

时间	每月平均进口额（万英镑）	每月平均出口额（万英镑）	每月平均入超额（万英镑）
1919 年 1—3 月	7 742.8	1 333.4	6 409.4
1919 年 4—6 月	8 428.2	1 677.9	6 750.3
1919 年 7 月	9 351.3	2 473.5	6 877.8

注：上述数字是按票面汇率换算的，但 1917 年和 1918 年的贸易额是以 1917 年的官方汇率来计算的，因此这只是粗略的统计数字。法国接下来的进口额不可能还是这么大，如此的繁荣表象毕竟是海市蜃楼。

① 意大利的进出口数字如下：

时间	每月平均进口额（万英镑）	每月平均出口额（万英镑）	每月平均入超额（万英镑）
1913 年	1 215.2	837.2	378
1914 年	974.4	736.8	237.6
1918 年	4 700.5	827.8	3 872.7
1919 年 1—3 月	4 584.8	761.7	3 823.1
1919 年 4—6 月	6 620.7	1385	5 235.7
1919 年 7—8 月	4 470.7	1 690.3	2 780.4

人均课税额大致是相等的，但随着支出的增加，法国并没有应对措施。法国对此的估计是："英国在战时把税收从人均 95 法郎增至 265 法郎，而法国只从 90 法郎增至 103 法郎。"截至 1919 年 6 月 30 日的法国财政年投票结果是，征税额还不到战后支出额的一半。未来正常的预算不应低于 8.8 亿英镑（合 220 亿法郎），而且很有可能会超过这个数字；但即使是对 1919—1920 财政年，估计可收的税款也不会超过这个数字的一半。对于如何应对这个惊人的赤字这个问题，法国财政部长除了指望从德国那里能收到一笔就连法国官员自己都不相信的巨款外，此外就没有任何计划和政策了。与此同时，他们通过出售军事物资和多余的美国证券，使得法国的形势有所缓解。法国官员们甚至在 1919 年下半年也仍不计后果地让法兰西银行再多印纸钞以平衡赤字。[①]

意大利的预算形势可能比法国要稍好些。整个战争期间意大利财政政策比法国更为积极，曾做出更多的努力来征税以应对战争支出。但总理尼蒂先生（Nitti）在大选（1919 年 10 月）前致选民的一封信中认为有必要向公众公布对当前形势的五点分析，具体如下：(1) 全国之支出已为财政收入的三倍左右；(2) 国家经营的所有产业，包括铁路、电话、电报，均处于亏损状态。尽管公众买面包要花高价钱，但这个价格仍意味着政府每年约 10 亿里拉的损失；(3) 出口仅为进口的 1/5 至 1/4；(4) 国债每月增加约十亿里拉；(5) 一个月的军费开支比开战第一年的军费开支还多。

但如果说法国和意大利的预算状况非常糟糕，那么其他的欧洲

① 在我曾经写的关于法兰西银行的两份报告中（1919 年 10 月 2 日和 9 日）指出，法国发行的纸钞一周之内分别增加了 1 875 万英镑和 1 882.5 万英镑。

交战国的财政状况就是令人绝望了。在德国，1919—1920年帝国、联邦各州、市镇的总支出据估计为250亿马克，以前的税收仅够支付不到100亿马克。这还没有把赔偿算进去。在俄国、波兰、匈牙利和奥地利，有没有预算都是个问题。[①]

上面所说的通货膨胀的威胁不仅仅是战争的产物，并不是和平一降临，这个问题就得到解决。这将是一个持续不已的现象，目前还看不到尽头。

所有这些因素共同作用的结果就是，不仅欧洲无法立时大规模地出口货物以支付所需的进口商品，而且使信用受损，无法确保流动资金以重启交易循环。不仅如此，这些因素还通过扭曲经济规律的作用，使之失衡而不是趋向平衡；这些因素使得当前的状态继续下去，而不是恢复从前的状态。我们所面对的是一个无效率的、失业居高不下、组织混乱的欧洲，目前正饱受国内的冲突和国际仇视的折磨，不断地争斗着，饿殍遍野，到处是掠夺、欺骗。如果说欧洲的景象不会是如此黯淡，那根据又是什么呢？

在本书中，我很少关注俄国、匈牙利、奥地利。[②] 这些国家的人

① 1919年10月3日，比林斯基（M. Bilinski）向波兰议会做财政报告。据他估计，未来9个月的支出将是过去9个月的两倍还多；在过去的9个月里，财政收入为支出的五分之一；未来的9个月里，财政收入为预算的八分之一。驻华沙的《时代》记者称“总的看，比林斯基的论调是乐观的，似乎是为了取悦他的听众”。

② 强加于奥地利共和国的和约条款，完全不符合该国令人绝望的实际情形。1919年6月4日维也纳的《工人报》（*Arbeiter Zeitung*）有如下评论：“还没有哪个和约的内容像这个和约那样如此严重地背离了和约设立之初衷。在这个和约里，没有一条不是充斥着无情、冷酷，没有一条能让人感觉到人类同情心的跳动，这个和约背离了人类得以交往的一切准则，是对人类的犯罪，是对受苦受难的人犯下的罪行。”对奥和约的具体条款，我是再熟悉不过了，某些条款在起草时我就在现场，但我发现，这种不满和怨气不能说没有道理，很难驳斥。

民的生活已是如此地悲惨，社会已明显解体，已用不着分析了；而且这些国家已开始经历了欧洲其他国家尚未出现的一些惨状。他们拥有广袤的领土、众多的人口，但也是活生生的例子，足以表明人类到底能承受多少苦难，社会到底能溃败到什么程度。从他们身上，我们可以窥见的是，在最后的大灾难中，身体的疾病是如何转为精神的疾病。经济贫困还在持续，只要那里的人们在悄无声息地忍受着这一切，外部的人就不会去关注他们。他们的体质在下降，对疾病的抵抗力也在逐渐下降[①]，但不管怎样，生命总得延续下去，

① 在过去的几个月里，关于同盟国的卫生状况的报道和报告简直令人难以相信，就连摘引这些报道和报告时都会有不安的感觉。但这些报道的真实性是用不着怀疑的，下面我就引用这些报道和报告中的三段，相信读者读了之后不会无动于衷。“在战争结束前的两年里，仅奥地利就至少有 3.5 万人死于肺结核，仅维也纳就死了 1.2 万人。直到今天，据我们的估计，至少有 35 万至 40 万人需要接受结核病的治疗……由于营养不良，面有菜色的一代将是肌肉、关节、大脑发育不良的一代。”（《新自由报》1919 年 5 月 31 日报道）荷兰、瑞典、挪威医学会指派医师委员会对德国的位数状况进行调查，1919 年 4 月瑞典新闻社发布了调查报告的内容：“德国的结核病患者特别是儿童患者人数增加之快，简直令人震惊，而且大部分都是恶性的。佝偻病患者也是如此，只是更为严重，更为普遍。人类对这些疾病几乎没有任何办法。结核病患者喝不到牛奶，佝偻病幸存者吃不到鱼肝油……目前为止，除了在一些特殊病例中能看到症状外，结核病可以说是空前危险的病状。整个身体同时受到攻击，这种形式的疾病无药可救……对成人来说，现在的结核病也几乎是致命的，医院 90% 的病例是由结核病引起的。由于食物匮乏，目前对这种疾病可以说是束手无策……其中最恐怖的是腺肺结核，会转为化脓性溶解。”下文摘引的是曾随同胡弗代表团到过厄尔士山脉（Erzgebirge）的一位作家发表于《福斯日报》（*Vossische Zeitung*）1919 年 6 月 5 日的文章：“我去过很多大的村庄，其中 90% 的村庄里儿童患有佝偻病，三岁的儿童才刚刚开始走路……如果你跟我一起去厄尔士山脉的一所小学，你会以为那是个为幼童开设的幼儿园，其实那都是七八岁的孩子。瘦小的脸上，大而无神的眼睛深陷在松软的大额头里，上肢皮包骨头，弯曲的、关节脱臼的大腿上面是高高鼓起的饥饿性水肿的肚子……‘你看这个孩子，’负责这里的医生说，‘他吃了不知多少面包，可还是一点也没变强壮。我发现他把得到的面包都藏在草垫子下面了。这些孩子对饥饿是太恐惧了，以至于他们宁愿藏起食物也不愿吃掉：受到误导的动物性本能使得他对饥饿而死的恐惧比对真实的痛苦的恐惧更甚。’”可是

直到人类的忍耐达到极限，绝望和疯狂还是会让受害者在危机到来之前从昏睡中惊醒。然后，人类重新觉醒，打破习俗的束缚。观念的势力才是最大的，凡是有关希望、幻象、复仇的教导，只要能把人送上云端，他都会听。就在我写作本书时，俄国布尔什维克之火至少暂时已把自己灼尽，而中东欧的人民却表现出可怕的麻木。最近的丰收终于避免了最严重的物资匮乏，和约终于在巴黎签订，宣告了和平的降临。但冬天马上就要来了。人们再没有什么可以期盼的了，也不再抱有希望。对于冻馁的城市居民来说，这个严冬，他们可没有多少燃料来驱寒取暖。

但人们还要忍耐多久？走出灾难的方向又在哪里？谁又能说得清楚？

还有很多人主张，这些人从现在开始一直到四五十岁就应当支付赔偿，以减轻英国纳税人的负担，这才合乎正义。

第七章　补救

对重大事件保持正确的看法，是不容易的。我批评了巴黎发生的一切，对于欧洲当前的形势和前景，我认为是暗淡的。这虽然只是当前欧洲形势的一个侧面，但我认为这是欧洲真实的一面。但在如此复杂的现象里，种种预兆不可能都指向一个方向，如果我们不相信有果必有因，那么我们就会犯错误。前景之暗淡无光都让我们怀疑其准确性，过于悲惨的描述会窒息而不是激起我们的想象力；我们的头脑得从“太悲惨了，不可能是真的”的震荡中恢复过来。但在读者在情绪受到这些自然反应的影响之前，在我引导他积极思考补救和改进措施从而找到较为光明的前景（这正是本章目的之所在）之前，不妨先回顾和对比一下英俄两国的情形，好让自己的头脑恢复一下平衡：英国的形势会让你感到乐观乃至过于乐观，而俄国的形势则是提醒你灾难仍有可能发生，现代社会面对巨灾时并不具备免疫力。

在本书各章里我一般不提英国的形势和问题。在我的行文中，所提到的“欧洲”都是不包括英伦三岛的。英国还处于转变之中，自身的经济问题极为严重。或许我们现在正处于社会结构和产业结构大转变的前夜。我们当中的有些人或许会对转变的前景表示欢迎，而有的人则会表示哀叹。但这些问题毕竟与欧洲即将发生的事件是完全不同的。在英国，我丝毫觉察不到灾难发生的可能性，也觉察不到社会发生普遍动乱的可能性。战争的确让我们变得贫穷，但还不至于一贫如洗——在我看来，1919 年英国的财富总值和 1900 年相比至少是持平的。我们的贸易差额的确不利，但还不至于到需要打乱我们的经济生活以进行调整的地步。[①] 我们的赤字的确很多，但还没到需要意志坚定而又审慎的政治家来弥补的地步。缩短工时有可能已导致生产的下降。我们切不可放心地认为这只是过渡时期的特征，熟悉英国工人状况的人都不会怀疑：如果这样的制度适合工人，如果工人对生活条件表示认同和满意，那么，即使日工时缩短，工人也是可以生产出至少不低于过去的日工时的产量的。对英国来说，战争已使得那些最严重的问题更为尖锐，但这些问题就其源头来说，都是根本性的问题。19 世纪之余烈犹在，但已行将用尽。那一代人的经济动机和理想已不能让我们满意：我们必须蹚出一条新路，还要再次经历一番磨难苦痛，然后获得产业重生。这是一个因素。另一个因素就是我在本书第二章里曾提到的：粮食的真实成本在增加，随着世界人口的增长，自然界所能提供的

① 英国的进出口数据如下：

时间	月进口平均值（万英镑）	月出口平均值（万英镑）	月入超均值（万英镑）
1913 年	5493	4377	1116
1914 年	5 009.7	3 589.3	1 420.4
1919 年 1—3 月	10 957.8	4 912.2	6 045.6
1919 年 4—6 月	11 140.3	6 246.3	4 894
1919 年 7—9 月	13 592.7	6 886.3	4 706.4

但这个入超值并不像看上去那么大，因为商船的货运收益很可观，英国各种“隐形的”出口极有可能比战前还多，每月约有 4 500 万英镑。

物产越来越少，照此趋势，所有的工业国必将受到极大的伤害，将极为依赖进口的粮食。

这些问题将是长期的，无论哪代人都躲不开。比起水深火热的中欧人民，他们的确享受着另一种秩序。那些满脑子里只有他们所熟知的英国社会情形的读者，很容易无端地陷入乐观主义，那些所见所闻都是美国情形的读者就更是如此。如果想要真正理解到底什么是灾难，如果认为我们有义务亡羊补牢，防止灾难蔓延，那么请把目光投向俄国、土耳其、匈牙利、奥地利吧，在那里，人类所能经历的一切可怕的灾难——饥荒、寒冷、疾病、战争、谋杀、混乱，都在真实地上演着。

接下来应该做什么呢？本章试着提出的一些建议，恐怕难餍读者的期盼。但在停战后的长达六个月的巴黎和会的机会已逝的情况下，我们现在所做的一切都无法修复彼时之失误。社会将不可避免地出现严重的物质匮乏，同时面临着巨大的风险。面对这些问题，我们必须在力所能及的范围内对决定了当下各种事件的基本经济趋势进行方向性的调整，以期重启繁荣和秩序，而不是加剧灾难。

首先，我们必须摆脱巴黎和会的氛围，抛弃和会上的种种方法。那些控制了和会的人，或许会在汹汹舆论面前有所退让，但他们是不会带领我们走出困境的。不要指望四人委员会会回头，即使他们想回头。因此，更换现有的欧洲各国政府就几乎是必不可少的前提了。

因此，凡认为《凡尔赛和约》已然无效者，这里我提出一个基于以下四点的方案供讨论，这四点是：

(1) 和约的修订；

(2)协约国内部各国之间的债务问题的解决;

(3)国际贷款以及货币改革;

(4)中欧与俄国的关系问题。

一　和约的修订

要修订和约,有没有宪法性的方法?威尔逊总统和史末资将军(General Smuts)认为,通过国际联盟盟约的保证,可以消除由和约带来的许多弊端。为此他们表示,我们只有借助国际联盟才能确保欧洲的生活会变得越来越好。史末资将军在签署和约时的声明中写道:"和约中关于领土的方案需要调整。虽然和约规定了保障性的措施,我们倒是希望这些措施在不久的将来与新的和平氛围不相协调,与从前敌对、如今已放下武器的国家不相协调。虽然预先规定了惩罚性措施,但当人们心绪渐渐平静时,他们就会忘掉这些预设的惩戒措施。虽然规定了赔款,但如果欧洲的工业复兴没有受到严重阻碍,那么这些赔偿就不会发生;为了我们所有人的利益,赔偿数额应更为适中,更能是让人更能接受……我相信,国际联盟还是可以指示一条明路,让欧洲走出战争所造成的毁损。"早在1919年6月,威尔逊总统向参议院提交和约时说,如果没有国际联盟,"那么就无法对德国在一代人之内应当履行的赔款任务进行长期而不间断的监督[①];和约所规定的行政管理措施和限制性措施,除非是

① 威尔逊总统建议可委托国际联盟对赔偿支付进行监督,但在这个问题上总统犯了个错误。在本书第五章我曾指出,对于后续还将涉及的经济问题条款和领土安排条款,大部分都要交给国联解决,但赔偿问题不在此列,因为涉及赔偿问题以及对赔偿方案进行修订,赔偿委员会拥有最高权力,无需诉诸国际联盟。

长期施行后无法保证有利无弊或完全公正，否则，对这些措施的重新审议和修订将是不可行的”。

国联的创始人告诉我们，国联一旦运作，我们就可以从中获益。那么，我们真的能指望国联可确保我们得到这些益处吗？相关的内容见国际联盟盟约第十九条：

> 大会可随时请联盟会员国重新考虑已经不适用之和约以及长此以往将危及世界和平之国际局势。

但很可惜！盟约第五条规定：“除本盟约或本条约另有明白规定者外，凡大会或行政院开会时之决议应得联盟出席于会议之会员国全体同意。”就和约任何条款的早期审议来说，难道这一条还不足以将国联变成一个只会浪费时间的机构吗？如果和约各方在某个需要修改的问题上意见一致，也就不需要国联和盟约来做这个事情了。即使国联大会意见全体一致，也只能是“建议”某些有特别影响力的成员国重新考虑。

但国联的支持者们会说，但国联一旦运行，就会对世界范围内的舆论产生影响，所形成的大多数人的观点就会在实际中发生决定性的作用，即使在法律的角度上并没有效力。但愿如此吧。但掌控在训练有素的欧洲外交家手中的国际联盟也可能会成为一个前所未有的起阻碍作用、只会拖延的机构。和约的修订首先并不是授权给经常碰头的国联行政院而是授权给国联大会，而国联大会是不会频繁地召开的。凡是经历过协约国内部的大型会议的人都会知道，在国际联盟大会召开期间，势必成为效率低下的多种语言相互辩论的场所，纵然是最为重大的决议和最佳的行动策略，到了最后的紧要关头，也形成不了结果，最终只能是维持现状。盟约的确存在两个极为糟糕的弱点：一是规定了全体一致原则的第五条，二是饱受批评的第十条，该条规定："联盟会员国担任尊重并保持所有联盟各会员国之领土完整及现有之政治上独立，以防御外来之侵犯。"这两条足以使国联作为一个促进进步的机构的理念受到损害，使得国联从一开始就极容易倾向维持现状。正是这两条使得最初的反对者妥协，同意成立国际联盟，希望国际联盟成为另一个神圣同盟（Holly Alliance），好永远毁坏敌人的经济，形成符合自身利益的、他们认为是由和约建立起来的势力均衡。

但是，如若为了"理想主义"而对修改和约所面临的现实困难视而不见，也是错误的、愚蠢的，我们任何人都没有理由去谴责国际联盟，世人的智慧是可以将国际联盟打造成维护和平的强有力的机构的，而盟约第十一至十七条已经取得了巨大的、有积极意义的成就。[①] 因此，我认为，要修改和约，首先还是要通过国联而不是别的途径，希望借助一般的社会舆论的力量以及必要时运用财政手段（财政压力和财政诱导）就足以阻止桀骜不驯的少数国家投否决票。我们必须信任新政府（兹假定主要国家有新政府），相信他们能够比前任更有谋深致远的智慧，更为宽宏大量。

在本书第四和第五章我们已看到，和约有太多的规定难惬人意。关于这个问题，这里我无意深入探讨，也不想就和约逐条逐款

---

① 这七条条款规定了如何防止国联会员国之间以及会员国与非会员国之间爆发战争，这是盟约取得的实实在在的成就。有了这些条款，类似 1914 年诸大国联盟之间爆发战争的可能性就可大为降低。仅凭这一点，就值得向所有人称赞国联。

地提出修订意见。这里我只提出对欧洲的经济生活至为重要的三个方面进行修改的建议，即赔偿问题、煤铁问题以及关税问题。

赔偿

如果所要求的赔偿总额少于对和约条款作严格解释时协约国有权索取的数额，那就没有必要详述其中的具体款项名目，也没有必要听编制赔偿款项的证据。因此，我的建议是：

(1) 德国应支付的数额（包括赔偿和占领军的费用）可定为 20 亿英镑。

(2) 根据和约规定德国所应移交的商船和海底电缆、根据停战协定应移交的战争物资、被割让出去的领土上的国家财产和分摊的公债、德国对其前盟国的权利要求等，可总计为 5 亿英镑，不必再逐项估值了。

(3) 其余 15 亿英镑不应再计利息，由德国从 1923 年开始分 30 年还清，每年支付 5 000 万英镑。

(4) 赔偿委员会应解散。如果不解散，如果要履行职责的话，也应使之成为国际联盟下属的一个机构，其中应有德国和中立国家的代表。

(5) 德国可根据她认为适当的方式，对按年分摊的赔偿额如实支付即可。如德国未能履行支付义务，只能向国际联盟正式提出申诉。也就是说，除了已经清算的财产和设在协约国和美国的公共信托处和敌国资产监管处所掌控的、用于支付德国私人债务的财产之外，不应再没收德国的海外私人财产，和约第二百六十条尤应废除（该条规定要没收德国的公共事业之利益）。

(6)不应再向奥地利提出要求支付赔偿的要求。

煤和铁

(1)和约第八部附件五规定的协约国购买煤的特权应取消，但德国有义务弥补由于破坏活动造成的法国的煤损失，此赔偿责任应予保留。也就是说，德国应“于10年内，每年以等于法国北部与加莱海口为战争所毁损之煤矿战前每年所产，与以后10年内每年所产之比较相差之煤额交付法国。此项交付最初5年内每年应不超过2 000吨，后五年每年应不超过800万吨”。但如果产煤区上西里西亚最终的公民投票结果是从德国分离出去，则德国的此项义务也随之中止。

(2)除以下两点需要修改外，对萨尔区的处置维持不变。这两点是：第一，德国不应再赊销煤炭；第二，10年后德国无条件地收回煤矿和领土，不用支付任何费用。但必须以与法国订立协议为条件，协议内容是：在此期间，法国应从洛林地区向德国供应铁矿石，数量至少为战前洛林地区向德国供应的铁矿石的50%；作为回报，德国应向洛林地区供煤，供煤数量应为此前德国向洛林地区供煤之总额减去萨尔区的产煤数量。

(3)关于上西里西亚地区的安排维持不变。也就是说，应举行公民投票，形成最终的决定意见，在意见中主要的协约及参战国应“顾及居民表示之意志，并该地方地理上及经济上之状况”。但协约国应宣布，根据该地区之“经济状况”，应将产煤区划入德国，除非当地居民明确提出反对意见。

(4)协约国已建立的煤炭委员应成为国际联盟的一个下属机

构，该委员会应扩大，德国和其他的中东欧国家、北欧中立国、瑞士等国也应有代表参加。该委员会只是咨询性的机构，但议题应扩大到德国、波兰、前奥匈帝国分裂后的诸国以及有出口剩余的英国之间关于煤炭供应的分配问题。所有会员国均应向该委员会提供最完整的信息，并在其主权和关键利益允许的情况下接受该委员会给出的建议。

关税

应在国际联盟的支持下成立自由贸易同盟，其成员国应承诺不向联盟的其他成员国、德国、波兰、从前奥匈帝国和奥斯曼土耳其帝国分出来的新国家征收保护性关税[①]，被托管的国家在十年内也必须照此执行，十年后任其自便。其他国家是否照此执行，悉听尊便。但希望无论如何，英国都应成为联盟的创始国。

如果我们把德国应付的赔偿款限定在德国的支付能力之内，才有可能重新点燃德国的希望和进取心；我们才可以避免由和约里不可能实现的条款带来长期摩擦和对德国等国家不明智地施压的机会，才可以让拥有巨大权力的赔偿委员会无所用处。

如果我们把和约中直接或间接涉及煤炭的规定进行调整，使之不那么强硬，使之可以用于交换铁矿石，那么德国的工业生产就能

① 我们不妨这样定义“保护性关税”：(1) 完全禁止进口某些商品；(2) 对本国不生产的某些商品强制征收奢侈品税或收入税；(3) 对与本国生产的产品类似的进口商品，强制征收不超过 5% 的抵消性关税；(4) 出口关税。自由贸易联盟的成员国多数投票同意除外。在加入自由贸易联盟前的五年里，已征收的保护性关税应在加入联盟后逐年等额减少，五年后完全取消。

持续下去，才有可能把政治边界对钢铁行业的自然布局的干扰所造成的生产效率的损失降低。

那些贪婪、彼此猜忌、不成熟、经济上并不完整的民族主义国家间有数不清的新的政治边界，由此而来的是经济组织方式的破坏和经济效率的下降。有了自由贸易联盟，就可以部分地扭转这种局面。只要几个大帝国都拥有一大片领土，那么经济上的边界也未尝不可，但是像德意志帝国、奥匈帝国、俄罗斯帝国、土耳其帝国等分出的约二十个独立国家之间的经济边界，就是无法接受的。由中欧、东欧、东南欧、西伯利亚、土耳其和我所期望的英国、埃及、印度组成的自由贸易联盟，可为世界和平和繁荣贡献良多，其功不亚于国际联盟。比利时、荷兰、斯堪的纳维亚诸国及瑞士也有可能很快加入，如果法国和意大利也寻求加入，那么二国之友邦也是乐意看到的。

或许有些评论家会提出反对意见，认为这样的一种制度设计在某种程度上可以说是前德意志帝国的“大中欧计划”的翻版。如果其他国家都蠢到不加入贸易联盟而让德国独享其利，则这种批评意见或许还能成立。但由于经济体系里的每一个国家都不享有特权，因而这样的经济体系可完全排除享有特权的帝国主义政权所奉行的排他和歧视政策的可能性。对于这些批评意见，我们的态度取决于我们在道德和情感上如何看待国际关系和世界和平的前景。如果我们认为，对于至少是即将到来的一代人来说，德国的一点点繁荣都让人不放心；认为我们新近结成的协约国都是光明的天使，而我们前不久还在与之作战的敌人——德国人、奥地利人、匈牙利人等——都是恶魔之子；认为德国年复一年地贫穷落后下去，德国的儿童必须忍受冻馁；认为德国的四周必须被她的敌国所包围；那么我们就会拒绝本章所提出的所有建议，特别是那些为德国提供援助使之部分地恢复战前的物质繁荣，并为城市里的工业人口找到谋生之路的建议。如果本节所述之国际关系的观点为西欧诸民主国家所接受，并得到美国的财政支持，那么我们就会受到上帝的眷顾。如果我们的目标就是要让中欧贫困化，那么我敢断言，我们必将遭到报复。果如此，用不了多久，保守力量与拼命挣扎的革命力量之间会发生战争，相比之下，最近德国挑起的战争所造成的恐怖就不算什么了，且最终无论谁是胜利方，我们这一代所积累的文明和进步都会遭到破坏。即使最终结果可能令我们失望，可是，难道我们就不应基于更好的预期而采取行动吗？难道我们就不应相信一国之繁荣与幸福也会促进他国之繁荣幸福吗？难道我们就不应相信人类之团结并非不可能吗？难道就不应相信一国之人民也是可以视他国之人民为同胞吗？

我所提出的上述建议，对于使欧洲的工业人口有了活路这一点，也许会有显著效果。但这还不够。特别是，这样一来，法国在账面上就成了受损者（也仅仅是账面的受损者而已，因为法国绝无实现目前提出的索赔要求的可能），只能通过其他方式才能使法国摆脱困境。在此，我建议，第一，调整美国及协约国之间的债务要求；第二，提供足够的贷款，使欧洲能够重新储备起流动资本。

二　协约国内部各国之间的债务问题

在上述有关赔偿条款的修订建议中，我只是考虑了与德国相关的情形。但为公平起见，如此大规模地削减赔款数额，亦须同时重新调整协约国各国之间的分配比例。政治家在战时的每一个场合所发表的声明及其他考量都认为，对于那些由于德国入侵造成破坏的地区，应优先得到赔偿款。虽然这是我们为之争取的最终目标之一，但我们从未将索赔征属津贴作为我们的战争目标。因此，我建议，让我们用实际行动来证明我们的真心实意，其中英国可放弃对德的现金索赔，把它让给比利时、塞尔维亚和法国。德国所支付的赔偿金，应优先偿付被敌国入侵的国家和入侵的省份所遭受的实物损失，我认为有 15 亿英镑即可支付这笔重建的费用。而且，英国只有完全放弃其现金索赔的要求，才可以光明正大地要求修改条约，才可以重建英国的声誉，因为 1918 年大选时向议员做出的承诺违背了这个信念，英国为此所应负主要责任。

一旦赔款问题就得到清理，才有可能提出更能体现出风度也更有成功希望的另外两个财政建议，而这两个建议都需要美国的宽大为怀。

第一个建议是，完全取消协约国各国之间用于战争目的债务（即协约及参战各国政府之间的战时债务）。实际上，这个建议我已在小范围内提出过，我认为这将对未来的繁荣至关重要。只有英美两大国有远见的政治家才有可能付诸行动。协约国内部的债务大致如下表①：

① 表中数字有一部分系估算结果，并不完全准确，但对于目前的讨论来说，这些数字也是接近于准确的了。英国的数字取自 1919 年 10 月 23 日白皮书（第 377 页）。最后无论用什么方式支付，都需要根据某种黄金贷款及其他方面进行调整，而我只关心其中所蕴含的大原则。这里的总额并不包括英国在美国市场里筹集到的贷款、法国在英美两国市场上筹集到的贷款以及英格兰银行提供给法国的贷款。

协约国内部债务情况（单位：亿英镑）

债权方 / 债务方	美国	英国	法国	总计
英国	8.42	——	——	8.42
法国	5.5	5.08	——	10.58
意大利	3.25	4.367	0.35	8.27
俄国	0.38	5.68[①]	1.6	7.66
比利时	0.8	0. 98[②]	0.9	2.68
塞尔维亚和南斯拉夫	0.2	2.02[③]	0.2	0.6
协约国其他国家	0. 35	0. 79	0. 5	1.64
总计	19	17.4	3.55	39.95

如果只计算各国所借协约国其他成员国的债务，而先不减去借给协约国其他成员国的金额，则协约国内部的债务总额近 40 亿英镑。美国是有借出无借入。英国的借出是借入的两倍，而法国的借入是借出的三倍。协约国其他成员国则是有借入无借出。

如果协约国内部的债务相互免除，则票面上的净结果（即假定所有的借款都是确切可靠的）将是：美国要交出约 20 亿英镑，英国交出约 9 亿英镑。法国将得到约 7 亿英镑，意大利得到约 8 亿英镑。但这些数字夸大了英国的损失，低估了法国的收益，因为英法两国所提供的贷款很大一部分是贷给了俄国，因此并不能看做是优良的贷款。如果英国贷给协约国其他国家的贷款按全值的 50% 来计

① 表中的数字不包括布尔什维克革命后的债务利息。

② 向这些国家提供的预付款没有收取利息。

③ 目前，美国提供的实际贷款总额已达近 20 亿英镑，但最新数据不详。

算的话(这个假设虽然有些随意但比较方便，英国财政大臣在多个场合都用这个假设来估算国家资产负债表)，那么，免除债务对英国来说就是不赚不赔的。无论怎样计算，最后的净结果都是纸面上的，但如果这些债务真要偿还的话，协约国各国政府会为之头疼不已，那么，这样的净结果虽然是纸面上的，也会大大缓解这种焦虑。因此，该建议要求美国以宽大为怀。

我熟知战争期间英国、美国及其他协约国的财政部之间的关系，我认为这正是欧洲所渴求的宽大之举，只要欧洲将精力放在更值得做的事情上，不是继续挑起纷争(不论是经济方面的还的其他方面的)，而是着眼于整个欧洲大陆的经济重建，那么，美国所做出的财政上的牺牲，与其国力相比，比起欧洲各国小得多。除此之外，别无他策。这场战争，本来是欧洲内部的争端，美国如果也像欧洲各国一样耗尽本国之力量介入其中，那么美国政府就无法向美国人民交待。美国参战后，财政援助就源源不断；除了众所周知的美国军队登陆欧洲所带来的决定性的影响之外，如果没有美国的财政援助[①]，协约国就不可能赢得战争。欧洲也不应忘记，在 1919 年上半年里，美国还通过胡佛先生的机构和美国救济委员会对欧洲的慷慨援助。这项工作充满了无私的善意，持之以恒，真诚相待，富于技巧，而且不求感恩，还没有哪项工作比这个更崇高的了！欧洲各国

① 从 1916 年秋季开始到 1917 年 4 月美国参战的这六个月里的财政史仍有待书写。除了战时天天为应付不可能满足的财政请求而焦头烂额的英国财政部的六名官员外，几乎没人能够充分意识到这需要多大的勇气和坚持；没有人会意识到，如果没有美国财政部的支援，那么英国财政就会陷入绝望。1917 年 4 月以后的财政问题，与之前的几个月相比，已经完全改观。

政府并不领情，他们更愿意归功于胡佛先生及他率领的美国的工作团队的政治家风度和远见卓识，而不愿意表达感激之情，甚至不愿意承认。美国救济委员会在过去的几个月里见识了欧洲的真实情形，并用心去感受。正是他们的努力、他们的干劲以及经总统授权的、可任意调动的美国资源，消除了欧洲重建中的障碍，不仅拯救了正在遭难的不计其数的欧洲人民，而且避免了欧洲制度的全面崩溃。[①]

但在谈到美国的财政援助时，我们会不假思索地认定（而且我认为，美国在出钱时肯定也是如此认定）：就实质而言，这并不是投资。如果欧洲要偿还美国提供的 20 亿英镑的财政援助，复息 5 厘，那就完全是另一番景象了。如果美国的借款也如是观，那么美国的财政牺牲的确很小了。

关于谁的相对牺牲更大的争论是无益的，是不明智的，因为这世上就没有同等程度的相对牺牲，对于两种情形的比较，只要从其他方面进行考量，结果就会大不相同。下面所提到的两到三个因素，并不是要为美国人辩护，而是要表明：就该建议而言，从英国人的角度看，英国并没有回避自身要做出的牺牲。(1)美国参战后，英国财政部借自美国财政部的金额，约等于英国同期（也就是说，不包括美国参战前英国借出去的数额）借给协约国其他国家的金

① 胡佛先生是唯一一个经历了巴黎的折磨还能声誉日隆的人。他性格复杂，总是给人以疲惫的巨人（或者像有的人说的，仿佛竭尽了全力的职业拳击手）的感觉。他总能看到欧洲形势的真实的、实质性的因素，在参加巴黎的委员会时，总能将真实、见多识广、宽宏大量、无私等灌注其中。倘若其他人也能如此，那就会带来一个良善的和约，缔造一个真正的和平。

额，可相互抵消。这样，就相当于英国借美国的钱，用于支持协约国的其他成员国，要知道，这些国家由于种种原因，不可能直接从美国那里得到援助。[①](2)英国卖掉了10亿英镑的外国有价证券，此外，英国又借了约12亿英镑的外债。美国则非但没有出售外国有价证券，反而买进了超过10亿英镑的外国有价证券，且美国没有任何外债。(3)英国的人口仅为美国的一半左右，收入约为美国的1/3，积累的财富为美国的1/3到1/2。因此，英国的财政能力仅为美国的2/15左右。有了这个比例，我们再来看如下的对比：先不考虑英美两国各自给协约国其他国家提供的贷款(假定这些贷款都是要还的)，英国的战争支出为美国的三倍，但如果考虑到财政能力，则前者为后者的七至八倍。

简单廓清这个问题之后，接下来我们就要探讨更为广泛的问题，即交战各国战后的关系，因为这个建议主要是以对此种关系的判断为基础。

倘若不按此建议的方案执行，那么，战争结束时，协约国各国就会陷入沉重的债务网之中，这笔债务总额甚至有可能超过其从敌国获取的数额；协约国各国就会忙于彼此还债而不是从敌国那里获取金额，这是让人无法接受的。

由于这个原因，协约国内部的债务问题，就与欧洲的协约国在赔款问题上大众的强烈情绪，搅在了一起。这种情绪并不是建立在对德国实际偿还能力的合理估算的基础上，而是基于他们对自己国

① 甚至美国参战后，俄国在美国的支出及在其他国家的支出，也仍由英国财政部支付。

家的财政形势的了解，这些国家知道，如果德国不赔款，他们的财政就难以为继。不妨看看意大利的例子，虽然这个例子有些极端。如果意大利应当支付的债务总额为8亿英镑，那么德国肯定能而且应当能支付更大数额的赔款。如果认定（而且只能如此认定）奥地利几乎不用支付任何赔款，那么，意大利就得背负沉重的债务负担，而奥地利则不用负任何责任，这难道说得过去吗？或者，我们能否指望让意大利偿还如此巨额的债务，而眼睁睁看着捷克斯洛伐克支付很少甚至不用支付？英国则与之相反。英国的财政形势与意大利不同，同样是要支付8亿英镑，英国和意大利不可同日而语，但给人的感受是一样的。如果我们得不到德国的全部赔款而又不得不接受这个事实，那么，抗议者就会激烈地反对英国偿还欠美国的债务。可以说，我们不得不对德国、法国、意大利和俄国的破产财产提出索赔要求，而美国却享有先于我们的第一抵押权。法国的情形差不多是最严重的了。法国几乎不可能从德国那里得到其遭到战争破坏的国土的全额赔款。而作为战胜国，法国还得支付友邦和协约国的债务，这个数额是1870年战败后被迫支付给德国的赔款的四倍。看来，与协约及参战各国相比，俾斯麦还算是下手轻的了。对协约国人民来说，他们本来就被激怒，还得面对从敌国那里拿到赔款的真实前景，因此，解决好协约国内部的债务问题，就是一个必不可少的第一步。

如果说欧洲的协约国不可能拿出本金和利息来偿还他们的债务，这未免夸大其词，但如真的要求他们这样做，无疑会给他们带来沉重的负担。因此，他们会想方设法地争取免除或规避债务，这无疑会成为未来的国际纷争和相互敌视之源。债务国不会对给她提供贷款的债权国心存好感；如果法国、意大利、俄国在接下来的几年里因要偿还欠我们的债务而使未来发展受到极大的制约，那么，就不要指望他们会对其我们或美国有善意的情感。这样一来，反而会大大刺激他们去从另一个方向寻找友邦；与我们的和平关系在将来破裂时，往往会带来赖掉外债的极大好处。但假如这些巨额债务被免除，那么，近代以来本就相互联系的各国，就会为增进团结和建立真正的友谊而努力。

巨额的战争债务的存在，的确对各地的财政稳定构成巨大的威胁。在欧洲的所有国家里，用不了多久，拒绝偿还外债都将成为一个重要政治议题。但就国内债务而言，债务双方都涉及利益集团，问题无非就是国内财富的分配而已。外债就不是这样，债权国很快就会发现，他们的利益与维系债务国特定的政府或特定的经济组织方式密切相关。与棼乱的债务问题相比，错综复杂的联盟关系就不算什么了。

可能会影响到读者对该建议的态度的最后一个考量，取决于读者对以下问题的观点：如何看待战时财政留给我们的巨额的内债和外债在世界进步中的未来角色？战争结束时，每个国家都欠另一个国家巨额债务。德国欠协约国很多钱，协约国又欠英国很多钱，而英国又欠美国很多钱。在每个国家里，国家都欠战时贷款的持有者一大笔钱，而纳税人又欠国家一大笔钱。整个形势可以说是极不自然，极具误导性，令人烦恼。除非我们能从这些债务的束缚中解脱出来，否则我们将寸步难行。除非我们能将债务问题变成有秩序的、宽容的、没有对谁严重不公的事件，否则，债务问题最终会变成一场烧掉一切的大火。至于国内债务，和很多人的观点一样，我认为，在所有的欧洲交战国中，征收资产以清除债务，是良好合理的财政的绝对先决条件。但政府间巨额债务的持续存在，对各国政府来说，都是极为危险的事情。

在19世纪中期之前，还没有哪个国家欠另一个国家的钱，除非是军事占领期间强制缴纳的贡金以及曾经的封建制度下向不在本地的领主缴纳的贡赋。对欧洲的资本主义来说，在过去的五十年里，由于要在北美大陆找到一个输出地，结果像阿根廷这样的国家每年就都欠了英国等国的钱，尽管到今天这个债务额实际上并不大。但这种制度是脆弱的。这种制度之所以存在，是因为债务国并不觉得外债负担过于沉重；是因为这个外债负担对应着实际资产并与通常的实际财产体系密切关联；是因为已借出的数额相对于有望继续借入来说不太大。银行家已习惯了这种制度，认为这是保证社会永恒秩序的必要措施。他们倾向于认为，照此类推，政府间的举债也再自然不过的了，是合理之举，符合人的本性，尽管政府间的举债数额要大得多，负担感明显，且并不对应实际的资产，也不与财产制度密切关联。

我对此则表示怀疑。即使是国内的资本主义，我认为也不是十分安全的，尽管很多人赞同该制度；尽管该制度在日常的生产过程中发挥了实际的作用；尽管当前的社会组织方式还离不开这个制度。但无论如何，愤愤不平的欧洲人民难道愿意为了下一代而将每天生产的产品拿出相当多的用于支付给外国政府吗？要知道，无论是欧洲与美国之间的债务还是德国与欧洲其他国家之间的赔款，支付的缘由都不是明显地源于正义感或责任感。

一方面，从长远来看，欧洲必须依靠自身的辛勤劳动而不是倚赖美国的慷慨援助；但另一方面，欧洲是不会为了将自己辛勤劳作的成果输送到国外而克制自己的。简言之，我认为，至少在未来的几年里，这些“贡金”是不可能偿还的。这种“贡金”与人的本性不符，也有悖于时代精神。

如果这种思路有说服力的话，那么权宜之计与宽大为怀就不是矛盾的了；那些可最大限度地促进国家间友谊的政策，与出资人的长远利益并不冲突。[①]

三　国际贷款

现在阐述我的第二个建议。欧洲的需求是迫切的。如果英美两国能够免除可影响未来整整两代人生活的沉重利息(以及可以每年从德国那里收到用于重建的费用)，那么他们对未来就不会感到过于紧张焦虑。但这并不能解决当前紧迫的问题，包括欧洲极为严重的入超、糟糕的汇兑以及混乱的货币形势。倘若没有了临时的外部援助措施，欧洲的生产将很难重启。因此，我支持某种形式的国际贷款。其实，法国、德国、英国及美国的很多人在此之前已提出了这个建议。无论用何种方法来分配最终的偿还责任，美国都免不了要成为贷款的主要来源国。

我认为，这类计划的主要反对意见如下。由于近来所经历的事

① 有报道称，美国财政部已决定，在未来的三年里，把贷款的利息用于资助协约国政府(即增加本金数)。我猜英国财政部很有可能仿效。如果债务最终要还，那么，这种以复利形式的债务累积只会使局面更为恶化。但美国财政部的这个计划倒是提供了一个难得的间歇，使得我们根据即将明朗的战后形势来冷静地分析整个问题。

情，美国不愿意再对这件事情以及对欧洲介入太多，而且无论如何，美国目前也无更多的资金用于大规模地输出。欧洲能否用好财政援助，也是很难说的；欧洲能否不浪费这笔钱也很难说。欧洲现在就没有用好这笔钱，那么两三年后情况是不是会变好，很难说。克洛茨先生会用这笔钱来推迟征税的日期，意大利和南斯拉夫会用这笔钱来打仗，波兰会按照法国的设计把这笔钱用于履行它对邻国的军事角色，罗马尼亚的统治阶级会把这笔钱当作战利品瓜分掉。总之，美国将是把自己的资本发展放到次要位置，提高自己的生活成本，来把欧洲过去的九个月的做法、政策和人民生活状况再赓续一至两年。至于援助德国，欧洲的协约国在将德国的流动资本剥夺殆尽之后，又反对美国在巴黎的财政代表的争辩和呼吁，现在又转而向美国寻求资金让德国恢复过来，然后一两年后又重新掠夺德国，这难道合理吗？

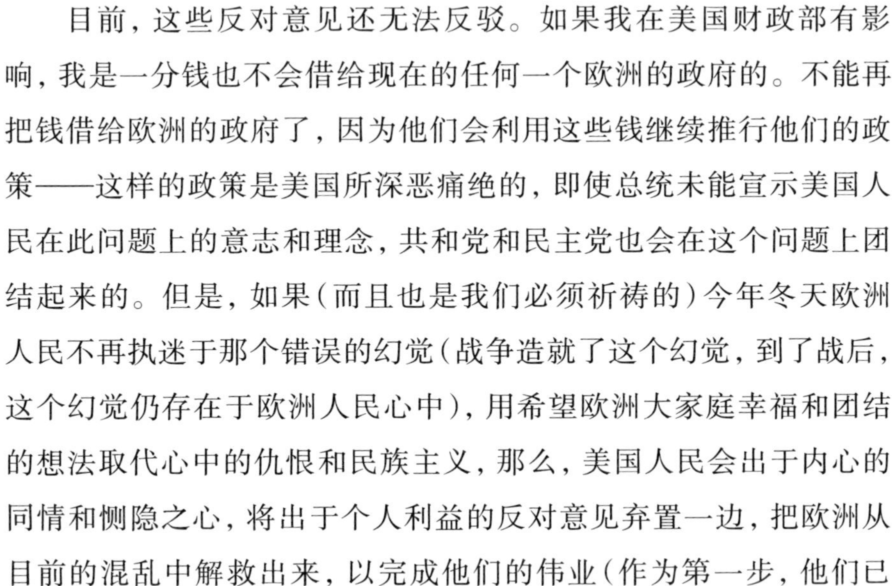

目前，这些反对意见还无法反驳。如果我在美国财政部有影响，我是一分钱也不会借给现在的任何一个欧洲的政府的。不能再把钱借给欧洲的政府了，因为他们会利用这些钱继续推行他们的政策——这样的政策是美国所深恶痛绝的，即使总统未能宣示美国人民在此问题上的意志和理念，共和党和民主党也会在这个问题上团结起来的。但是，如果（而且也是我们必须祈祷的）今年冬天欧洲人民不再执迷于那个错误的幻觉（战争造就了这个幻觉，到了战后，这个幻觉仍存在于欧洲人民心中），用希望欧洲大家庭幸福和团结的想法取代心中的仇恨和民族主义，那么，美国人民会出于内心的同情和恻隐之心，将出于个人利益的反对意见弃置一边，把欧洲从目前的混乱中解救出来，以完成他们的伟业（作为第一步，他们已把欧洲从有组织的武力支持的暴政中解救出来)。即使彻底的转变一时无法完成，即使欧洲的每个国家里只有若干政党支持和解政策，美国也仍可以通过制订计划，为旨在重新开启新生活的项目提供援助设置条件，来为欧洲指明这条道路，为那些真正支持和平的政党提供奥援。

欧洲当前可谓局势混乱，扑朔迷离，暴力横行，欲壑难填，前景黯淡，据说美国人急于想从欧洲的这种状态中挣脱出来，美国人有这种想法不难理解。要驳斥欧洲政治家的愚行和不切实际，没人比笔者更适合的了。让他们去自作孽吧，我们要前行。

远离欧洲，那里的希望之花已枯萎，
那里已是杀戮之地，空气污浊。

但如果美国能回想起欧洲对美国意味着什么，回想起作为艺术之源和知识之母的欧洲正在扮演的和将来继续扮演的角色，那么，难道美国就不会拒绝那些充满了冷漠和孤立的建议，转而投入到那些事关全人类的文明与进步的关键问题中吗?

如果我们满怀更多的希望，还可以假定：如果美国要为构建欧洲的积极力量做出贡献，而不是在击败敌人后给我们留下种种不幸，那么，美国应采取什么形式的援助呢?

关于这个问题，我不想深入探讨。但有关国际贷款的所有计划的梗概是一样的。那些提供了援助的国家(中立国、英国以及承担了大部分援助额的美国)，都应该为欧洲大陆的所有交战国——不管是曾经的盟国还是之前的敌国——一视同仁地提供购买外国产品的信贷。所需要的总额可能不会大到像有些时候所假设的那样。如首批援助额能达到2亿英镑，那可以做很多事情了。即使有了协约国之间的战债相互免除的先例，这笔国际贷款的借出、借入都应明确规定要全额偿付。按此目标，则贷款可获得最好的保证，最终的偿还计划也是极为完善的。特别是，不管是支付利息还是偿还本金，就优先次序而言，这笔国际贷款的偿还应是最优先的，然后才是对德索赔、协约国之间的债务、国内的战债以及其他类型的政府间的借款。那些有权获得赔款要求的借入国应做出保证，把得到的赔款用于偿还这笔新贷款。借入国都应把各自的关税建立在金本位的基础上，并保证将此类收入用于偿还这笔国际贷款。

关于这笔国际贷款的使用情况，借出国可做一般而非详细具体的监督即可。

除了这笔用于购买食物和原料的贷款，如能再设立一笔等额的保证基金（即2亿英镑。当然，这2亿英镑中很有可能只需一部分是现金的形式即可），由国际联盟各成员国按各自财富多寡集资，那么，就可以以此为基础重新整顿欧洲的货币，这将是比较可行的办法。

只有这样，欧洲才能获得最起码的流动资金，从而重新点燃欧洲的希望，重新开启其经济组织方式，使欧洲的财富造福于欧洲的工人。当然，如果现在就讨论该计划更为具体的细节问题，那将徒劳无益。只有公众的态度发生一个大的变化，本章所提出的建议才能进入实际操作的阶段，我们只能拿出最大的耐心等待事件的进展。

四　中欧国家与俄国的关系问题

本书极少谈及俄国。宏观的形势已无须再强调，我们对细节的认知几乎都是错的。但在讨论如何恢复欧洲的经济这个问题时，俄国问题的一两个侧面就显得极为重要了。

从军事的观点看，有些人极为忧虑的一个是：俄德两国最终的军事结盟。但在这两个国家，其实保守势力的活动更有可能成功；而要想让列宁与当前对德国来说是必不可少的中产阶级政府形成有效的共同目标，那就是天方夜谭了。另一方面，那些担心俄德结盟的人，其实更担心的是布尔什维克的胜利，但他们又不能不承认的是，要战胜布尔什维克，唯一有效的武器是：就内部而言，是俄国国内的保守势力；就俄国外部而言，是德国的代表了秩序和权威的势力。因此，那些鼓吹对俄国进行直接或间接干涉的人，他们的所为与他们本来的目的始终是矛盾的。他们不知道自己想要的是什么，或者说，他们想要的是与其实际做法是矛盾的，这一点他们自己也看不出。这就是他们的政策何以如此不一致、如此徒劳无益的原因之一。

同样的目标冲突，也可见之于位于巴黎的协约国委员会对当前的德国政府的态度。德国的斯巴达克同盟一旦胜利，极有可能点燃各地的革命之火，让俄国的布尔什维克绝处逢生，加快促成俄德两国结成可怕的同盟，当然也会击碎建立在和约的财政条款和经济条款基础上的期望。所以，巴黎不会喜欢斯巴达克同盟。但另一方面，所有人又都认为，德国的保守势力的胜利会危及欧洲的安全，危及胜利成果和和平的基础。此外，一个兴起于东方、精神上皈依于勃兰登堡（Brandenburg）的军事势力，是能够把整个东欧、中欧和东南欧的所有军事专家和军事冒险家吸引到自己这边，这些人无一不怀念帝制、憎恨民主；而协约国的军队从地理上很难靠近这个势力，至少在胆怯者看来，一个全新的拿破仑式的统治犹如凤凰涅槃，将在世界性的军国主义的灰烬中重新确立。所以，巴黎必定不敢喜欢勃兰登堡。这样，从逻辑上讲，我们必须扶持代表了秩序的德国温和派的力量，而这个温和派的力量是可以依靠德国人民的性格而得以维持的（这点会出乎世人预料）。但是，当前的德国政府将维持德国的统一看得比什么都重要；有些德国人认为，为维持1870年以来德国领土的统一，签署和约所付出的代价是值得的。欧洲所有保守势力的利益都系之于德国政府的持续稳定，而巴黎仍想着沿莱茵河肢解德国，不放过任何一个羞辱德国、打击德国威望、减弱德国政府的影响的机会。

波兰在履行法国为她设计的角色时，这种进退两难的困境也会影响到波兰的未来。波兰应该是一个强大的、信奉天主教的、军国主义的、忠实可靠的国家，是战胜国法国的伴侣（至少也应是法国的心腹），是位于俄国灰烬和德国废墟之间的繁荣壮美之邦。罗马尼亚也可以像波兰那样，哪怕仅仅装一下门面。但是，除非波兰的重要邻国都繁荣起来，恢复了秩序，否则，没有工业、只知反犹的波兰，在经济上是不可能支撑的。一旦波兰发觉法国的政策虽然诱人但都是不切实际的空话，既得不到钱，也享受不到荣耀，那么波兰就极有可能立刻另攀高枝。

所以说，“外交”上的算计不会有结果。英国人和法国人以龌龊的方式寻求刺激，他们认为外交政策和廉价的情景剧没有区别（或者虽然不相信，但的确是这样做的），于是对俄国和波兰实施疯狂的想法和幼稚的诡计，且无法自拔。

我们还是找找更为可靠的思路吧。1919年10月30日，德国政府宣布了她一贯的对俄不干涉的政策："这个政策不仅仅是我们的原则，而且还在于德国认为，从实际操作的角度讲，该政策也是合乎情理的。"兹假定，到最后我们只能持同样的立场（这一立场即使不是原则的，至少也是一种实际考量的结果）。那么，未来中欧和东欧之间的关系中的基本经济因素是什么？

战前，西欧和中欧从俄国那里进口了大量的粮食。如果没有俄国，这些国家就会粮食短缺。1914年以来，由于俄国粮食出口减少所造成的损失有所好转，部分原因是动用了储备粮以及胡佛的保证价刺激下北美的粮食丰收，但更重要的原因是消费的减少以及贫困。1920年后，西欧和中欧国家对进口俄国粮食的需求将比战前更为强烈，因为届时北美的保证价将难以保证，与1914年相比，人口的自然增长会明显增大国内的粮食需求，而欧洲土地的粮食生产率还无法恢复到战前的水平。如果不重启与俄国的贸易，那么1920—1921年小麦必定是货少价昂（除非所有季节都获得大丰收）。因此，最近协约国宣布的封锁俄国是愚蠢短视的行动：与其说是封锁了俄国，不如说是封锁了我们自己。

恢复俄国的出口贸易，无论如何都是一个漫长的过程。就当前俄国农民的生产率而言，他们尚不足以生产出像战前那样可供出口的多余的粮食。原因当然是多方面的，但不外乎以下三方面：一是农具效率低下；二是俄国城市里商品匮乏，于是俄国的农民不愿意生产更多的粮食来交换商品；三是，俄国的交通系统衰败不堪，大型货物集散地已无法收集起多余农产品。

除非借助德国的工厂和经济组织方式，我实在看不出在一定的期限内还有什么办法来弥补俄国农业生产力的损失。由于地理的原因及其他原因，英国人、法国人以及美国人都不愿意承担这一重任——要大规模地开展这项工作，我们既无动力也无方法途径。但另一方面，德国却有经验，有动力，在很大程度上也有原料，可向俄国农民提供他们在过去五年里一直渴求的物品，重启俄国的交通，重新积聚俄国的粮食，同时，为了我们的共同利益，把我们现在极为短缺的物品输送到全世界的市场。让德国的机构和组织尽快去启动俄国每个乡村的正常的经济动机的脉搏，是符合我们利益的。

那么，关于对俄政策，仅仅欢迎并采用不干涉主义还不够，还应停止损害我们长远利益且不合法的封锁，鼓励和帮助德国重新确立其作为她的东方邻国和南方邻国的财富创造者和组织者的角色。

很多人会对此类建议有强烈的偏见。我想请他们好好想一想这些偏见的后果。如果我们反对德国和俄国在恢复民生福祉方面的各种手段，那么，如果因为我们对俄德两国的人民或政府心存愤恨，不管是民族的、种族的还是政治的仇恨，那么我们就得直面这种仇视情感的后果。欧洲的这两个密切相关的种族间即使没有道义上的团结，我们也不能不同意他们在经济上的团结。即使是现在，世界市场也是只有一个。如果我们不允德国同俄国交换产品从而养活自己，那么，德国就不可避免地与我们去争夺美洲大陆的产品。我们越是切断了德俄两国的经济联系，就越是要降低我们的经济水准，加剧我们国内的问题。这还是在最低的层面谈论的问题。

驳斥这种进一步加剧各国经济崩溃的政策的论据还有很多，就是最愚笨的人也都看得出来。

从各地的情形看，尚不见发生突然或剧烈变动的苗头。暴乱和革命是有的，但到目前为止，尚未产生重大影响。革命是反对政治上的暴政和不公正的武器。但对于那些贫困者来说（这种贫困并非源自分配不公，而是普通的经济贫困），革命又能为他们带来什么希望呢？因此，摆在我们面前的，可能是漫长而平静的半饥饿状态，是生活水准和舒适度逐步下降的过程。如果我们听任其发展，那么，从长远看，欧洲的破产和衰朽将会影响到所有人，尽管这种影响或许并不显著而直接。

天无绝人之路。我们还有时间重新思考我们的行动方向，可以用新的眼光来看世界。论及最近的将来，事情已不可控，新近欧洲之命运不再操自于任何人之手。明年的事情，也不是由几个政治家的精巧设计而定，而是由谁也无法预料结果的、政治史之下的潜流决定的。我们能影响这一潜流的唯一方法就是：调动起教育和想象力的力量，以改变舆论。公布真相，丢掉幻想，驱散仇恨，开阔心胸，教育心灵，都是有效的方法。

写作此书时，正值 1919 年秋，其时正是我们命运的低谷。我们对过去五年里的努力、恐惧和贫困的反应，此时已到顶点。物质幸福之外的任何问题，我们暂时无力去感受，去关注。除了我们亲身经历的，其他再重大的事件以及再可怕后果，我们都可以做到“不动心”。

人类心灵的窟窿里永远填满了
恐怖：最高傲的人都害怕，害怕他们
所不屑现象的种种事情完全是真实；
伪善和习俗使他们的头脑变成了
许多人顶礼膜拜的墙塌壁倒的庙宇。
他们不敢为人类设计美好的境遇，
可是他们自己并不知道他们不敢。
善心的人没有权势，但见泪水空流。
有权势的人缺乏善心：那更值得遗憾。
聪明的需要仁爱，仁爱的又需要聪明；
一切最好的事情就这般地糟作一团。
有些人有力量，有金钱，也能懂得情理，
可是他们生活在苦难的同胞中间，
似乎毫无感觉：自己做什么，自己不知道。

我们已被折腾得超出限度了，该休息一下了。那些活着的人会感到，终其一生，人类灵魂中的那些共通的东西，从未像此时那样晦暗。

由于这种种原因，新的一代人还没有发出真正的声音，无声的意见还没有形成。本书就是为打造将来的公共意见而写。

图书在版编目(CIP)数据

和约的经济后果/(英)约翰·梅纳德·凯恩斯著；于占杰译. —北京：商务印书馆，2024
(汉译世界学术名著丛书：120年纪念版：珍藏本：增订本)
ISBN 978-7-100-23816-8

Ⅰ.①和… Ⅱ.①约…②于… Ⅲ.①凡尔赛条约(1919)—影响—欧洲经济—研究 Ⅳ.①F15②D819

中国国家版本馆 CIP 数据核字(2024)第 078671 号

汉译世界学术名著丛书
(120 年纪念版·珍藏本·增订本)
和约的经济后果
〔英〕约翰·梅纳德·凯恩斯 著
于占杰 译

商 务 印 书 馆 出 版
(北京王府井大街 36 号 邮政编码 100710)
商 务 印 书 馆 发 行
北京新华印刷有限公司印刷
ISBN 978-7-100-23816-8

2024 年 5 月第 1 版 开本 710×1000 1/16
2024 年 5 月北京第 1 次印刷 印张 12¼
定价：68.00 元